从零开始做往来账会计

李 兵 / 编著

CONG LING KAISHI ZUO WANGLAIZHANG KUAIJI

案例版

中国铁道出版社有限公司
CHINA RAILWAY PUBLISHING HOUSE CO., LTD.

内 容 简 介

往来账作为现代化企业正常运转不可避免的一个事项，在企业正常经营中的重要性日益凸显。本书以会计相关法规为基础，同时运用了大量实务案例对法规、条文的有关规定进行了系统的阐述，为读者了解、掌握企业往来账款的全部会计核算以及风险防范、事后纠查改正工作提供了有效的参考，对于广大读者将大有裨益。本书适合企业负责人、企业财会人员、注册会计师、财经专业学生及有关人士阅读。

图书在版编目（CIP）数据

从零开始做往来账会计/李兵编著. —北京:中国铁道出版社有限公司, 2020.6
ISBN 978-7-113-26749-0

Ⅰ.①从… Ⅱ.①李… Ⅲ.①财务会计 Ⅳ.①F234.4

中国版本图书馆 CIP 数据核字(2020)第 049748 号

书　　名：从零开始做往来账会计
作　　者：李　兵

责任编辑：王　佩　　**读者热线电话：**（010）63560056
责任印制：赵星辰　　**封面设计：**刘　莎

出版发行：中国铁道出版社有限公司（100054，北京市西城区右安门西街 8 号）
印　　刷：三河市宏盛印务有限公司
版　　次：2020 年 6 月第 1 版　2020 年 6 月第 1 次印刷
开　　本：700 mm×1 000 mm 1/16　印张：12.5　字数：197 千
书　　号：ISBN 978-7-113-26749-0
定　　价：55.00 元

前言

当前，随着市场经济的迅速发展，企业经营管理体系不断发展完善、建立健全，企业经济增长方式呈现向集约型的趋势发展。因此，如何提高经济效益已经成为企业的一项十分重要且迫切的任务，这也是对于广大企业而言非常重要的一项考核指标与企业经营诉求。对于企业而言，提高经济效益的一个重要思路就是开源节流，一方面企业需要加大销售的力度，提高企业的经营收益，真正的为企业注入血液，这其中不可避免地存在应收以及预收账款问题；另一方面企业可以在日常运营中科学合理地运用相关合同，为企业争取更多的利益，又不可避免地存在应付以及预付账款问题，这也就是一般企业常说的往来账问题。

往来账对大多数会计从业者而言并不陌生，因为对于大多数企业而言，往来账是些糊涂账，主要存在以下特点：涉及的科目众多；相关的账户又太杂；会计上牵扯到往来款的知识太过于丰富；最难的当属合并报表中往来款项的处理了。跟往来款项挂钩的动辄就是一大批关联企业，涉及的科目从资产负债表中的左侧资产项目下的应收预付类到右侧负债项目下的应付预收类，而且很多科目还涉及利润表中的数字，关联的知识更是不用说，从会计账务处理到财务管理，再到各种审计以及债务重组等重大的会计事项中都能看到往来账的影子。

往来账很重要，追根究底，一个企业不能脱离其他企业的存在而存在，也很难完全做到零库存，或者说，在多数的行业里面，赊销成为常态有一定的好处，委托代理加工也是现实存在的一种业务类型，这些让往来账有了很大的用武之地。同时，考虑到公司大股东可能存在的利益输送，往来账以及与之相关的关联账户成为各类审计的重点和难点，也成为假账问题的集散中心。

往来账会计的工作内容主要包括一般经营活动应收、预收款项的确认，存货采购中应付、预付款项的确认，企业日常经营活动中其他应收、应付款项的产生；企业应收、预收款项的资产减值的确认，以及在发生债务重组情况下的会计处理。结合图表和例子说明，使读者能够简单快速地理解往来账会计的精髓所在，更好地处理工作、学习中的专业难题。一方面，能够提高广大会计从业者在处理具体会计业务时的能力，提高自身的工作效率；另一方面，能够通过审计视角的学习，让广大会计从业者在日常往来账核算中保持清醒的认知，能够在遵守相关法律法规的前提下，保障企业的经营绩效。

本书根据《中华人民共和国会计法》《企业会计准则》及其他相关法律法规的规定编著而成，力图使读者能够全面认识和掌握往来账会计的各个要点。从结构上而言，本书章节层次分明，要点划分合理，重点知识突出。从本书的全部内容来看，本书一共分为十一章：第一章为总论部分，阐述了往来账会计的概念及种类；第二章至第九章分别针对应收账款、其他应收款、预付账款、应付账款、其他应收款、预收账款、应收票据等内容进行了详细的介绍，主要包括基础概念、会计处理，以及审计中可能存在的问题进行详解；第十一章介绍了债务重组的相关知识，主要包括基础概念、账务处理以及重组的集中方式。

但由于笔者经验有限，可能书中也还是存在一些小问题，同时难免对各个会计项目的理解和会计审计实务经验都有一定的片面性，不完全准确或者和某些行业不一样的情况也是存在的。所以，本书提供的更多的是一个平台和交流的空间。大部分知识或者经验是通用的，可以相互借鉴，但需要具体情况具体分析。

编者

2020 年 3 月

目录

第七章 其他应付款

第八章 预收账款

第一章　往来款会计概述

第一节　往来款项概念及种类

一、全面认识往来款项

往来款项是指企业在生产经营过程中发生的各种应收、应付款项及预收、预付款项。往来款是以会计手段反映的企业在生产经营过程中因发生供销产品、提供或接受劳务而形成的债权、债务关系的记录，它表示的是企业收款的权利或付款的义务，具有法律效力。加强各种往来款的管理，可有效地防止虚盈或潜亏，有利于真实地反映企业的经营成果。往来款项存在于企业的流动资产、流动负债中，对企业的短期经营有着很大的影响。本书打算从应收账款、其他应收款、预付账款、应付账款、其他应付款、预收账款、应收票据、应付票据几个角度来详细介绍往来款项的内容，具体内容如图 1－1 所示。

二、往来款项的 8 种分类

往来款项的分类如图 1－1 所示。

（一）应收账款

应收账款指企业因销售商品、材料、提供劳务等，应向购货单位收取的款项，以及代垫运杂费和承兑到期而未能收到款的商业承兑汇票。应收账款是伴随企业的销售行为发生而形成的一项债权。因此，应收账款的确认与收入的确认密切相关。通常在确认收入的同时确认应收账款。

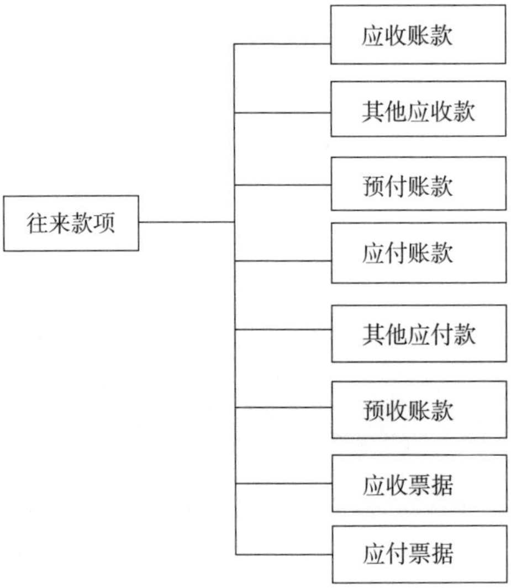

图 1-1 往来款项结构图

（二）其他应收款

其他应收款是企业应收款项的另一重要组成部分。其他应收款核算企业除买入返售金融资产、应收票据、应收账款、预付账款、应收股利、应收利息、应收代位追偿款、应收分保账款、应收分保合同准备金、其他应收款、长期应收款等以外的其他各种应收及暂付款项。其他应收款通常包括暂付款，是指企业在商品交易业务以外发生的各种应收、暂付款项。

（三）预付账款

预付账款指买卖双方协议商定，由购货方预先支付一部分货款给供应方而发生的一项债权。预付账款一般包括预付的货款、预付的购货定金。施工企业的预付账款主要包括预付工程款、预付备料款等。预付账款是预先支付给供货方客户的款项，也是公司债权的组成部分。

（四）应付账款

应付账款是指企业因购买材料、商品或接受劳务供应等业务应支付给供应者的账款。应付账款是由于在购销活动中买卖双方取得物资与支付货款在时间上的不一致而产生的负债。企业的其他应付账款，如应付赔偿款、应付租金、存入保证金等，不属于应付账款的核算内容。

（五）其他应付款

其他应付款是指企业在商品交易业务以外发生的应付和暂收款项。通常情况下，其他应付款核算企业应付、暂收其他单位或个人的款项，如应付租入固定资产和包装物的租金，存入保证金，职工未按期领取的工资，应付、暂收所属单位、个人的款项，管辖区内业主和物业管户装修存入保证金，应付职工统筹退休金，以及应付暂收上级单位、所属单位的款项。而企业经常发生的应付供应单位的货款，则是在“应付账款”和“应付票据”科目中核算。

（六）预收账款

预收账款核算企业按照合同规定或交易双方之约定，而向购买单位或接受劳务的单位在未发出商品或提供劳务时预收的款项。在预收款项业务不多的企业可以将预收的款项直接记入“应收账款”的贷方，不单独设置本科目，在使用本科目时，要注意与“应收账款”科目的关系，预收账款与应收账款的共同点是：两者都是企业因销售商品、产品、提供劳务等，应向购物单位或接受劳务单位收取的款项，不同点是：预收账款是收款在先，出货或提供劳务在后，而应收账款是出货或提供劳务在先，收款在后，预收账款的性质是负债，应收账款的性质是债权类资产。

（七）应收票据

应收票据是指企业持有的、尚未到期兑现的商业票据。商业票据是一种载有一定付款日期、付款地点、付款金额和付款人的无条件支付的流通证券，也是一种可以由持票人自由转让给他人的债权凭证。

应收票据的分类按照到期时间可分为短期应收票据和长期应收票据，如无特指，应收票据即为短期应收票据，我国尚无长期应收票据业务。按是否带息分为带息应收票据和不带息应收票据。带息应收票据是票面注明利息的应收票据，其利息应单独计算；不带息应收票据是票面不注明利息的应收票据，其利息包含在票面本金之中。

（八）应付票据

应付票据，是指企业在商品购销活动和对工程价款进行结算因采用商业汇票结算方式而发生的，由出票人出票，委托付款人在指定日期无条件支付确定的金额给收款人或者票据的持票人，它包括商业承兑汇票和银行承兑汇票。应付票据按是否带息分为带息应付票据和不带息应付票据两种。

往来款项的种类汇总如下表。

<table>
<tr><td rowspan="11">往来款项的种类</td><td>应收账款</td><td colspan="3">指企业因销售商品、材料、提供劳务等，应向购货单位收取的款项，以及代垫运杂费和承兑到期而未能收到款的商业承兑汇票</td></tr>
<tr><td>其他应收款</td><td colspan="3">是企业应收款项的另一重要组成部分。其他应收款核算企业除买入返售金融资产、应收票据、应收账款、预付账款、应收股利、应收利息、应收代位追偿款、应收分保账款、应收分保合同准备金、其他应收款、长期应收款等以外的其他各种应收及暂付款项</td></tr>
<tr><td rowspan="2">预付账款</td><td colspan="2" rowspan="2">指买卖双方协议商定，由购货方预先支付一部分货款给供应方而发生的一项债权</td><td>预付的货款</td></tr>
<tr><td>预付的购货定金</td></tr>
<tr><td>应付账款</td><td colspan="3">是指企业因购买材料、商品或接受劳务供应等业务应支付给供应者的账款</td></tr>
<tr><td>其他应付款</td><td colspan="3">是指企业在商品交易业务以外发生的应付和暂收款项。通常情况下，核算企业应付、暂收其他单位或个人的款项</td></tr>
<tr><td>预收账款</td><td colspan="3">核算企业按照合同规定或交易双方之约定，而向购买单位或接受劳务的单位在未发出商品或提供劳务时预收的款项</td></tr>
<tr><td rowspan="2">应收票据</td><td rowspan="2">是指企业持有的、尚未到期兑现的商业票据</td><td>短期应收票据</td><td>带息应收票据</td></tr>
<tr><td>长期应收票据</td><td>不带息应收票据</td></tr>
<tr><td rowspan="2">应付票据</td><td rowspan="2">是指企业在商品购销活动和对工程价款进行结算因采用商业汇票结算方式而发生的，由出票人出票，委托付款人在指定日期无条件支付确定的金额给收款人或者票据的持票人</td><td>商业承兑汇票</td><td>带息应付票据</td></tr>
<tr><td>银行承兑汇票</td><td>不带息应付票据</td></tr>
</table>

第二节 往来款项存在的问题及应对措施

笔者在审计工作中发现，个别单位在往来款项管理上存在清理不及时、跨越时间久、资金余额大等现象。这不仅使往来款项账户失去意义，也易给违纪违规行为带来可乘之机。

一、往来款项存在的7个问题

1. 财务人员对清理往来款项不积极、不主动

财务人员对对方企业过于信任，认定其能在规定时间内进行往来款项的结清，所以就不积极采取一些催收措施督促对方企业进行提前结账。

2. 某些单位疏于对往来账款的管理，不能定期与相关单位核对账目，造成往来账款越积越多

企业由于放松对往来款项的管理，销售部门只管销售，会计部门只管记账，不经常和对方核对账目，久而久之极易造成往来款项悬账及呆账。

3. 一些名存实亡的往来账款长期挂账，造成往来账款增加

企业由于对往来款项管理不善，使一些名存实亡的往来款项长期挂账，该付出的不付出，该收回的不收回，该报损的坏账不报损处理，该报营业外收入的不报批列营业外收入，等等。这些极易造成往来款项的账目混乱。

4. 垫付资金

部门预算意识不强，在专项资金不到位的情况下，为完成主管部门安排的专项任务，垫付了大量资金。

5. 往来款项账务处理不规范

企业会计人员由于业务素质差，不按照会计制度规定对企业的往来款项进行正确的账务处理。应记入应收款项的业务误记为其他应收款；应记入应付款项的业务误记为其他应付款；还有的把不属于同一账户的应收款项与应付款项对冲按其余额记账，等等。由此造成往来款项的混乱，为以后资金结算带来很多麻烦。

6. 利用往来款项账户调节利润

企业对已收到的销货款，不作为销售处理，而挂在应收账款或应付账款中，有些企业已付现金的费用不作为费用支出进行账务处理，而挂在其他应收款中等，任意调节利润，影响国家税收。

7. 利用往来款项账户进行舞弊

企业会计人员利用职务上的便利，将款项汇往外地，账务处理时记入往来款项账户中，然后在外地提取现金进行贪污；还有的把核销的应收款项，在以后收回时作为账外小金库，甚至中饱私囊。

二、往来款项存在问题的应对措施

1. 强化管理者的财务意识

正确决策，防范风险。随着市场经济发展与机制的改变，财务管理工作主导作用日渐明显，这就要求企业管理者不仅要具备现代化企业经营管理知识，而且还应当具备一定的财务知识。并且不能由于单位负责人的“摊子”大，工作繁忙，无暇顾及细节，只重视业务工作，而不关注财务状况，特别是往来款的状况，业务做大了，钱收不回来不能产生效益；也不能“新官不理旧账”，认为以前形成的往来款于己无关，因此置之不理，不愿意触摸“烫手山芋”，从而造成大量的“三角债”和呆死账。单位负责人掌握一些基本的财务知识，重视往来款管理，才能面对激烈竞争的市场，加强风险防范意识，从而做出适合本单位的科学、正确的经营决策。

2. 加强往来款的事先控制

往来款的管理可分为事先、事中、事后三阶段来管理。事先管理尤为重要，在签定合同时，就应充分意识到往来款的财务风险，建立相应的制度，对合同签定、采购过程、借款环节严格控制。不能在事先未对合作人资信情况做深入调查就盲目地采用较宽松的信用政策，只重视账面的高利润，忽视了流动资金能否及时收回的问题，从而加大往来款的风险。对投资性、决策性事项，领导层则要对其做好事前的充分论证，以减少失误。往来事项形成后，就产生了一定的风险，主动权就有所偏移，因此加强事先控制非常重要。

3. 加强合同的日常管理

对于单位合同比重较大，加强合同控制与管理是做好往来款管理的重要保障。比如制定物资采购人员考核制度和采购制度，制定经济合同管理规范，加强采购成本意识，明确其职责权限和工作程序。加大物资采购和引进项目的监管力度，定期对采购工作、经济合同的管理工作进行审核，以减少呆账、坏账的形成。相关业务部门要实行动态跟踪管理，财务部门予以协同监督。

4. 确定财务管理在企业管理中的重要地位

理顺关系，赋予财务人员一定的权利，加强内部会计与会计相关业务的控制，形成完善的内部牵制和监督机制。在实际工作中，财务内部管理状况的好坏对往来款管理，起着相当重要的作用。有章不循、有法不依的不良现象，使一些好的管理模式和管理措施不到位，直接影响财务管理的作用。通过理顺关系，可以强化规章制度的建设，规范财务管理，充分发挥财务的监督管理职能。

5. 促进往来款管理工作规范化

根据单位往来款的特点，按单位、部门列出清单，并进行定期或不定期的催收，不是只等清理清收专项工作展开才清理。加强对工作人员进行教育，使往来款的清理工作成为制度化和规范化合为一体的，具有长期性、经常性的工作。

6. 健全往来款的管理制度，明确责任

在实际工作中分工明确、责任到人是一项行之有效的办法。坚持“谁经办、谁催收、谁负责”的原则，做到人员、岗位、责任三落实，在经办人、责任人调离换岗时，应向部门主管报告清欠工作进展情况，完善交接制度。在往来款业务发生较多、数额较大、周期较长的企业，往来款的管理可以按其内容的性质或发生的时间分别进行管理。对往来款合同期限与对象进行分析，及时发现问题，提前采取对策，建立“坏账准备”科目，把往来款的管理工作作为企业长期管理的一部分，使其真正落到实处。

总之，合理有效地防范与控制往来款的风险，各部门、各级领导应高度重视，经营部门应树立全新的营销理念，加强客户信用管理，明确有关部门和人员职责。财务部门应加强监督，确保内部控制制度的有效实施，力争将往来款的风险降至最低。

第三节 往来款项的涉税问题

目前，在一些企业的往来账户中，往往会有大余额的长期（指跨年度或1年以上）往来款项挂账，或者会出现往来业务异常频繁的情况，其中涉税问题相对突出。下面我们就来谈谈当前企业往来账户中，常见的一些涉税问题，并对如何强化企业往来账户的税收征管提出几点对策，仅供参考。

企业往来账户主要包括应收账款、应付账款、预付账款、其他应收款、其他应付款等。这些账户按现行财务会计法律法规及制度都有各自的核算内容，然而，有些财会人员往往会根据自己的习惯或业务熟练程度进行合并核算，核算内容也往往因人而异，千差万别，有些会计甚至只设一个往来账户，来核算企业全部的往来业务。往来账户核算此类现象，除了“个人习惯”及“业务素质”等因素外，人为推迟确认收入实现时间以达到少缴税之目的，恐怕也是主要原因之一。目前，在往来账户核算中，常见的涉税问题及成因有以下几个方面。

一、无票进货

无票进货（购进货物后不再取得合法发票）或进货后长期未能取得发票而出现的往来款项长期挂账。

在日常的税收征管工作中经常会发现，一些企业的往来账户中，常常会有未作处理或难以处理的“应付账款”长期挂账，其中有些“应付账款”往往会存在涉税问题。如企业在无票进货或进货后长期未能取得发票的情况下，财务人员因没有合法发票入账，只能根据货物“入库单”记账。如此，就有可能会存在两方面的涉税问题，一是供货方因没有开具合法发票给购货方，供货方的销售收入就很有可能成为账外收入而偷逃税收；二是购货方因没有取得合法发票，财务人员往往只能将购进货物“估价”入账（并结转成本，下同），若在平时对“估价”入账未进行妥善处理，往往会影响企业所得税的正常申报和缴纳，一旦在次年汇算清缴结束后，仍未调整企业所得税计税额，就有可能涉及（企业所得税）偷税问题。目前，产生此类问题的原因有以下几种。

1. 企业老板及供销人员对合法票证作用及意义认识不足。目前，有些企业往往会为了图“不开发票价格低”的便宜，在购进货物时经常会以“不要发票”与对方进行交易。如在货物交易过程中，常常会听到购销双方商议“不开发票少几个点”之类的问题。此类无票交易一旦达成，货物验收入库后，由于没有发票，财务人员只能根据“入库单”以“估价”方式记账，这也是造成企业“应付款项”长期挂账的主要原因之一。

2. 企业内部管理失控，对取得发票及原始凭证记账存在随意性。如有些企业供销部门与财务部门不协调，各自为政，供销部门往往会出于某种原因，随意推迟取得发票时间或不再取得发票。如有些供销人员为了协助销货方达到暂时不申报纳税的目的，往往允许对方推迟开具发票（无论是否付款）。这不仅常常会出现购货方往来款项长期挂账的情况，也容易造成销货方“销售滞后”等涉税违法问题。

3. 税务部门对企业往来款项及票证监管力度不足也是重要原因之一。企业在向税部门进行纳税申报时，虽然也同时报送相关财务报表，但在日常税收征管工作中，税务人员很少过问企业财务报表中的相关情况，对“往来款项”及票证更是很少进行分析研究并及时跟踪核实。由于对企业往来款项及票证监管力度不足，很多企业往往就将“往来账户”当作人为调节申报纳税时间的“避风港”，甚至于从中暗做手脚进行偷税。

二、长期挂账

企业与个人或企业间借贷形成往来款项长期挂账。目前，企业向个人借款、企业出借给个人、企业之间相互借贷情况较为普遍。其中有些借贷业务往往会涉及税收问题。

1. 借入款项支付利息，借出款项无利息入账。如企业一方面向金融部门取得流动资金贷款，另一方面又长期向个人或其他企业借出大额“不计息”（账面没有利息收入，当然，也有些在账外收取利息）资金，这样，就会出现企业向金融部门贷款需支付利息并入账，而企业向个人或其它企业借出资金无利息收入，或将利息收入转入“账外账”等情况，此类业务就会涉及少缴企业所得税等问题。

2. 借入款项长期挂账，账面却无利息支付。从表面上看，此类情况不会涉及税收问题，但其中隐藏着的问题往往十分严重。一些企业借入款项莫明其妙地长期挂账，在账面上往往会出现两种情况：一是企业向老板、股东或企业员工借入款项，且长期挂账；二是企业向非本企业人员借入款项，并长期挂账。无论哪种情况，账面上往往很少发现企业向出借人支付利息等事项。此类资金来源有多种渠道，但在税务稽查和税收征管过程中，偶尔会发现一些企业往往会将“小金库”中的资金，以个人名义“出借”给企业（一些“长亏不倒”的企业，往往会出现此种现象）。至于企业账面很少向个人支付利息的问题，也只是表面现象，据一些涉税案例揭示，有些是从“小金库”中向个人支付利息，有些则是以“报销费用”等形式，向个人支付“利息”。

上述问题，除了当事人主观动机问题外，与现行税收政策及日常管理相对薄弱也不无关系。

1. 现行税收政策方面的原因。目前，有些企业一方面向金融部门贷款并支付利息，另一方面又以“无息”或“低息（利息低于金融部门，下同）”出借给个人或其他企业的情况具有普遍性。而事实上，对企业此类业务在现行税收政策及相关规定中并不是很明确，如有向金融部门贷款的企业，是否可向个人或其他企业出借“无息”或“低息”款项，在何种情况下企业向个人或其他企业出借款项时，其金融部门的贷款利息可全额税前扣除或不可在税前扣除等，都不是很明确。

2. 日常征管方面的原因。目前，一些企业通过往来账户借入或借出资金，以达到不缴或少缴企业所得税目的的案例并不少见。由于企业借入和借出款项情况十分复杂，要搞清楚资金来源、用途、利息结算等问题具有一定难度，所以，在日常征管工作中往往只是掌握企业向个人或企业支付利息时，是否有合法凭证，是否扣缴个人所得税，除此以外就很难进行深层次征管。

第四节　往来账会计的职责与内部控制

一、往来账会计的任职要求

一般企业对往来账会计的任职都有明确的要求，一般说来，应该做到以下四点。

（1）会计、财务管理等相关专业毕业，具备相关的专业知识。

（2）专业经验——两年以上相关工作经验。

（3）个人能力要求——系统学习并掌握会计核算实务知识，具有良好的沟通能力，熟练使用财务软件和办公软件。

（4）其他要求——具有初级会计师资格证书；熟悉会计准则和会计制度，熟悉会计核算实务；敬业，责任心强，严谨踏实，工作认真仔细，有良好的纪律性及团队合作精神。

二、往来账会计的职责

企业往来账会计的职责因不同单位财务制度的不同而有所差异，其包括但不限于以下内容。

1. 在单位领导和财务部门领导的指导下严格遵守各项财务制度和纪律。

2. 办理往来核算工作，审查往来通知书并及时进行账务处理。

3. 负责建立购销业务以外的暂收、暂付、应收、应付、备用金及其他往来款项清算的手续与规定。

4. 对实行备用金的单位，要核定备用金定额，及时办理领用和报销手续。

5. 及时与外部单位对账，做到账账相符，为往来账款及工程款的回收提供准确的信息。

6. 负责财务快报、季报、年报中有关往来账部分的编制工作，及时提供财务决算和经济活动分析资料。

7. 负责财务文件的收发、装订、保管工作。

8. 负责往来账相关的总账、明细账、会计凭证、会计报表的打印、装订、保管工作。

9. 协助公司清欠小组做好呆账、死账的清理工作。

10. 妥善保管会计资料，完成领导交办的各项任务。

11. 合同会签、审核原始单证与制作记账凭证，往来账户建立与过账核算，本期往来账挂账分析与编制分析报告等。

12. 审核原始单证与制作记账凭证，过账核算，本期往来账销账分析与编制分析报告等。

13. 会计对往来账户余额按账龄实行分类管理，编制账龄分析表，及时反映债权债务清偿情况，以便于企事业单位高层领导制订相应的管理政策，有重点、有针对性地加强对债权性往来账户的清欠，同时控制债务性往来金额的增减。

14. 进行客户信用评估、赊销期管理、赊销期折扣管理、信用预警管理、索债管理等一整套客户信用管理工作。

15. 对于到期未收款项，会计和销售人员联合催账，督促销售人员加紧催款；对于久拖不还的欠款，会计协助法律人员依法进行诉讼索债。往来账会计负责定期编制清欠报表，及时向企事业单位高层领导报告清欠情况。

16. 往来账会计通过分析客户的赊销政策和赊销期折扣，计算比较资金成本，并将分析和计算结果报告给单位高层领导，以便于及时调整经营计划，更经济有效地运作资金。

三、往来账款管理中存在的 6 个常见问题

1. 不定期对账

有些企业由于疏于对往来账款的管理，不能做到定期与相关单位核对账目，特别是欠款企业，往往对债权人的对账要求持抵触态度，长此以往必然造成往来账款账目不清，为今后的催款、清理带来困难。

2. 往来账款不定期清理

有些名存实亡的往来账款长期挂账，如坏账不及时报损、处理，不需付债务不及时报批作为营业外收入等，均造成往来账款账目混乱。

3. 对已销账的往来款管理不善

如对已作坏账的应收款，收回时作为账外小金库，甚至中饱私囊；不需付的款项，作为账外资金，或被个人贪污。

4. 出租出借账户或为他人套取现金

如有些单位员工，利用职务之便，多次以备用金名义领取现金，再通过银行转账还款，实际是为他人套取现金，这种做法违反了现金管理规定。

5. 往来款账务处理不规范，往来账账户之间不按业务内容记账

如将有些与正常经营业务无关的款项计入往来账款，或将不同往来单位的无法查清的应收、应付款余额相对冲。这些处理，不便于企业根据不同往来账款的性质进行有针对性的管理。

6. 利用往来账款调节利润

企业经常通过调节往来账的确认时间等手段调节自身利润。

四、往来账会计的内部控制

1. 建立定期对账制度，并出台相应账款清理方案

有些企业疏忽对往来账款的管理，没有做到定期与往来单位核对账目。这使企业的往来账存在较大风险，为今后的工作带来诸多不便和困难。

往来账涉及到企业日常经营及管理活动的各个方面，要解决这个问题，

企业应建立严格的定期对账制度，在与往来单位对账的基础上编制往来账差异报告，针对对账差异，及时查清原因进行更正。而长期挂账的呆账、坏账，应及时制订清理方案，予以妥善的处理。

2. 建立风险评估控制

为了加强企业对往来账风险的意识，以便采取有效的措施对往来账进行管理，企业应建立恰当的往来账风险评估程序并按照应收账款性质的不同，有针对性地对往来账款进行评估，估计其账龄、收回的可能性及收回的金额，并及时采取相应的催收工作，使企业尽量减少往来款项带来的损失。

3. 建立政策程序控制

往来账款中出现诸多问题主要是因为企业缺乏相应的控制政策及控制程序，或虽然有相关的政策和程序但并未执行。这些政策和程序主要是指岗位分离、授权审批、文件记录、预算控制及实物保全等。

企业在进行内部控制测试时，应全面检查涉及销售和收款、采购和付款及其他往来的内部控制。即检查企业是否制定相关的信用政策；销售部门是否在销售前对赊销客户信用进行检查，并及时登记每一客户的应收账款增减变动情况；是否建立应收账款催收方案；是否根据供应商的信用政策选择最恰当的付款方式等。

▶小案例◀

一笔往来款引出47万元小金库

笔者曾对某公司2×18年度财务收支情况进行过审计。审计之前，我们首先对该公司的内控制度进行了了解，发现该公司财务管理极其混乱，下属三个企业仅设一名会计，各企业之间往来业务频繁，资金占压严重。根据以往经验，我们预感到会有大的问题出现。果然，在查看该公司往来账时我们发现了疑点，2×18年该公司在其他应付款科目下设A厂一个二级科目，全年共发生两笔贷方业务，金额分别是141 095.34元和80 625.00元，“摘要”栏注明“借入A厂往来款”，两笔款项均由A厂以库存现金形式转入。向其他单位借款补充生产资金本无可厚非，但是借款如何出现了角分这样小的货币单位？如此大的金额A厂又为何不通过银行转账而以库存现金的形式支付呢？这些情况都引起了我们的注意。为了弄清事实真相，我们对第一笔借款发生前后的资金收支情况进行了详细检查，发现在第一笔借款发生前，该公司现金及银行存款账面已无余额，检查借款发生后各项支出的原始凭证，发现许多凭证上记载的日期在借款发生时间之前，对这些票据金额进行加总后恰好等于借款额。再检查第二笔借款也存在同样问题，无款何以支出？由此我们得出了A厂资金实际由该公司掌握，他们采用的是先从A厂支出再在公司挂账的手法。那么A厂到底是什么背景呢？经询问，该公司会计向我们介绍："A厂是我公司于2×17年建立的一个临时性加工企业，由于建厂初没有财会人员，所以会计核算一直由公司代管。2×18年由于公司急需资金，所以从A厂借了一些款，挂在其他应付款科目"。"那么目前A厂的财务账由谁保管？""在我手里。""请你将A厂的所有账簿和营业执照给我们看一下好吗？"这位会计面露难色，犹豫片刻后终于道出了实情。原来所谓A厂实为该公司2×17年搞账外经营形成的小金库，A厂只不过是小金库的代名词。在该公司提供的现金流水账上我们看到，2×17年该公司利用本公司设备进行账外经营共获得利润398 647.8元，偷漏增值税及附加75 794.82元，小金库金额共计474 342.20元。除221 720.34元转入公司使用外，其余款项全部用于购买房屋、手机等固定资产。对这些问题我们进行了严肃处理。

通过上述第三节往来款项的涉税问题以及一笔往来款引出47万元小金库的案例的解读，我们可以了解到往来款项不容忽视，会计人员应该重视往来款项的处理问题。

▶附录◀

往来款项管理办法

为加强集团公司往来款项的管理、提高资金使用水平，规避风险，及时清理不合理的资金占用，保护企业资产的安全、完整，根据《会计法》《企业会计制度》等相关法律法规的规定，结合集团公司实际情况，特制定本办法。

一、管理范围

适用于集团公司及所属各单位的往来账款的核算及管理：包括应收账款、其他应收款、预付账款、应付账款、其他应付款、预收账款等管理。

二、管理责任人

1. 财务部部长负责集团公司总体往来款项管理工作。

2. 集团公司及所属各单位的负责人、财务负责人负责该机构的往来款项的管理。

三、管理内容

（一）往来账款按业务内容设置二级科目，并按往来单位或个人进行辅助核算。要求正确使用会计科目，做到往来单位明确、记账清楚、余额准确、账表相符，做好经办部门、经办人的登记，每月终了列出分户清单，并及时提供给清缴部门组织清收或及时报账清算。

（二）建立往来款项责任制，严格执行催款制度。经办人为第一责任人，经办人及经办部门应做好往来款项的登记备查工作，并定期和财务部核对，做到该收的资金及早收回，该付的资金合理支付。

（三）往来款项应定期对账，并制订往来清理计划。

1. 集团内部各单位之间每月核对清理一次往来，发现问题及时解决，减少内部互相托欠债务，杜绝单方挂账现象的发生。

2. 集团外部往来款项每季度核对一次，查清拖欠原因，及时解决存在问题，责任部门应配合财务部门及时对应收款项进行清理回收，减少不合理占用和可能的坏账损失。并配合财务部门做好催缴记录，定期及每年度终了对应收款项进行检查，预计应收账款可能发生的坏账损失，并计提坏账准备。

3. 往来款项核对结果必须形成书面文字记录，并把各种函证凭证装订成册，及时归档，方便日后查证。

（四）对长期无人追索的款项应进行调查，确属不需支付的账款，报请批示后，及时做账务处理。

（五）建立备用金领用和报销制度。员工因公需要借款的，必须填制借据，写明借款日期、用途、金额、还款期限，经批准可借支一定数额的备用金。员工出差借款的，还款期限为出差回来后15天内。在还款期限内，员工没还清借款的，从工资中逐月扣除，并不得再借新款。财务部应根据制度规定进行定期清账，每月末、季末、年末必须进行借款清理，发现问题及时上报，确实有难以清理的，由相关部门领导协助办理。

（六）应付账款管理。

1. 定期分析应付账款，确定付款顺序，在企业资金许可的情况下，尽可能先付有折扣的货款。

2. 资产运营部负责项目、设备质保金的备查登记工作，定期和财务部核对，对三年以上账龄的应付款及项目、设备有问题不再支付的质保金，资产运营部出具相关的说明，由财务部上报，批准后及时进行账务处理。

3. 加强物资采购和工程建设合同管理，经办部门严格按照合同的约定付款，超过合同价款的项目必须另行报批。

4. 建立付款审批制度。采购和工程付款一律填写付款审批单，按规定程序和权限进行审批后，财务综合考虑资金情况予以统一安排。

（七）加强信息交流与沟通，企业管理部门、财务部门、相关业务部门及管理部门应定期进行交流，相互配合，上传下达，共同做好往来账款的管理工作。

四、坏账损失的确认

应收账款具有以下特征之一者，根据公司的管理权限，经国有资产管理部门批准，可作为坏账损失处理，并冲销原已计提的坏账准备。

1. 债务单位撤销或破产，依照民事诉讼法进行清偿后确实无法追回的部分。

2. 债务人死亡，既无遗产可供清偿，又无义务承担人，确实无法追回的部分。

3. 债务人逾期未履行偿债义务超过2年、确实不能收回的应收账款。

已经确认为坏账的应收款项，并不表明公司放弃收款的权利。如果未来某一时期收回已作为坏账处理的应收款项，应该及时恢复债权，并按照正常收回欠款进行会计账务处理。

五、坏账准备的计提

集团公司对应收款项计提坏账准备，采用“备抵法——账龄分析法”，坏账准备的提取比例为：逾期1年以内的（含1年）按其余额的5%计提；

逾期1～2年按其余额的20%计提；逾期2～3年按其余额的50%计提；逾期3～4年按其余额的80%计提；逾期5年以上的按其余额的100%计提；经确定的呆死账应100%计提。

六、坏账损失的核销

1. 公司对于确实无法收回的应收款项，应当查明原因，属人为原因的，追究相关人员责任；正常报损的，应由有关责任部门和财务部共同提出书面报告，由使用部门负责人、财务主管、总会计师、董事长批准；资产损失超过200万元，或单笔资产损失超过20万元的，报市政府国资委核准；批准后，由财务部进行坏账损失处理，冲减提取的坏账准备。

2. 各级单位未经批准不得擅自核销任何金额的应收款坏账损失。

3. 经批准后的坏账，要采用账销案存方法处理，财务部门要建立备查登记簿，并以每一户设置一个档案文件，将经济合同或协议书、民事诉讼和有关法律公正文件、催款处理往来书信、发生业务的单据和会计结算凭据、往来明细账页复印件以及坏账申报批准书等各项资料装入袋内，作为会计档案保存。

七、本规定自发布之日起实行，由财务部负责解释

五、往来账会计岗位的重要性

（一）内部控制的重要环节

往来账会计通过自身的岗位职责，参与销售业务管理、采购业务管理和其他日常往来账管理工作，从财务角度控制经济主体的物资流、资金流和信息流，并承担相应的岗位责任。会计通过参与购销合同会签，对有关合同条款进行审核确认；通过审核原始单证和有关业务资料，进行入账确认；通过往来账户管理和逐笔核算，及时反映经济主体的债权和债务增加、减少和余额情况；通过与业务人员对账和参与索债，及时对经济主体债权和债务的结余情况和清欠情况进行管理。

（二）必要的业务审核

会计审核是经济主体购销合同签订和债权债务入账的前提。往来账会计通过审核购销合同有关条款，对合同进行确认，明确责任；通过审核销售人员、采购人员或其他当事人提交的单证和合同资料，对有关债权债务的真实性、时效性、合法合规性和正确性等进行确认，并制作记账凭证入

账；通过审核出纳填制的进账单、电汇或信汇委托书、银行汇票委托书、托收承付委托书和委托收款委托书等单证和支票、银行汇票、商业承兑汇票和银行承兑汇票等票据，确认单证和票据填写的正确性，在办理签章（财务印鉴）手续后，交出纳办理收付款。

（三）企事业单位债权安全管理的保障

往来账会计参与制订、执行客户信用管理制度，并及时反馈信息，协助经济主体高层领导合理规划营销政策；参与购销合同会签，及时审核合同有关条款，签署意见，确保业务款项安全结算；建立往来账户，核算经济主体债权挂账、销账和余额，定期编制分析报告，及时反映债权增减情况；定期分析账龄余额，编制账龄分析报告，及时反映债权回收情况；参与企事业单位索债管理，与销售员联合催账，协助法律事务人员索债，从而，在一定程度和范围内保障债权的安全管理。

（四）企事业单位债务管理的需要

会计建立往来账户，核算企事业单位债务挂账、销账和余额，定期编制分析报告，及时反映债务增减情况；定期分析账龄余额，编制账龄分析报告，及时反映债务偿还情况；与业务员及时对账，确保债务的正确性；参与商业信用融资管理，编制商业信用融资分析报告，协助企事业单位高层领导合理、经济、有效地运作资金。

（五）为财务分析和财务预算提供依据

往来账会计定期编制的债权债务挂账分析报告、销账分析报告、账龄分析报告、客户信用分析报告、清欠报告和商业信用融资分析报告等，既为财务分析人员的横向分析和趋势分析提供了资料，也为企事业单位高层领导的决策提供了资料，并有助于企事业单位及时调整经营政策，合理规划财务预算，更及时有效地控制债权债务和资金流。

第五节　往来其他会计类岗位职责

一、应收账款会计岗位职责

1. 任职资格

（1）学历——大专及以上学历，会计、财务管理等相关专业。

（2）专业经验——1 年以上相关工作经验。

（3）个人能力要求——系统学习并掌握会计核算知识，熟悉会计准则和会计制度。

（4）其他要求——具有会计从业资格证书；具有较强的学习能力、独立工作能力和一定的财务分析能力，能熟练使用 Excel 电子表格。

2. 职责内容

（1）监控指定账户的应收账款子系统。

（2）分析并按政策调整应收账款账户的交易与数据。

（3）审核应收账款清单，调查应收账款的差异及产生差异的原因。

（4）每月准备月度应收账款统计报表，并向销售管理人员提供详细的应收账款清单。

（5）通过账款分析，对超期应收账款提出具体的处理建议。

（6）依据会计准则和有关规定，记录会计系统中与应收账款有关的财务活动。

（7）为审计人员的应收账款审计工作提供资料支持及相关配合。

（8）按时完成领导交办的其他相关工作。

二、银行结算会计岗位职责

1. 任职资格

（1）学历——大专及以上学历，会计、财务管理等相关专业。

（2）专业经验——2 年以上相关工作经验。

（3）个人能力要求——系统学习并掌握会计核算知识，熟悉会计准则和会计制度。

（4）其他要求——具有会计从业资格证书；具有较强的学习能力、独立工作能力和一定的财务分析能力，能熟练使用 Excel 电子表格。

2. 职责内容

（1）每月月初，根据往来账反映的各供应商账面余额和企业资金状况，编制月供应商付款申请计划，报上级领导审批。

（2）根据本月资金预算，合理调配资金，及时向银行贷款和还款，保证资金正常周转。

（3）每日填制银行收款凭证和付款凭证，登记银行日记账、其他货币资金账并结清余额，在此基础上编制日资金情况表。

（4）月末核对“银行日记账”的余额和总分类账“银行存款”科目的余额。

（5）月末结出本月收入、支出合计数和月末结存数，并同银行取得的银行对账单逐笔进行核对，如有未达必须查明原因，编制“银行存款未达账项调节表”。

（6）协调好和各银行的关系，确保银行能及时开立企业商务洽谈所需的各类银行保函。

（7）按时完成领导交办的其他相关工作。

第二章　应收账款

第一节　从会计角度看应收账款

一、应收账款概述

应收账款是指企业因销售商品、提供劳务等经营活动，应向购货单位或接受劳务单位收取的款项，主要包括企业销售商品或提供劳务等应向有关债务人收取的价款及代购货单位垫付的包装费、运杂费等，是企业在信用活动中所形成的各种债权性资产。依据应收账款的概念，应收账款具有以下的特征。

1. 应收账款是企业因销售商品、产品、提供劳务等经营活动所形成的债权。

2. 应收账款是指流动资产性质的债权。

3. 应收账款是企业应收客户的款项，包括代垫的运杂费。不包括企业付出的各类存出保证金，如投标保证金和租入包装物保证金。

应收账款概述总结如下表。

应收账款	概念	应收账款是指企业因销售商品、提供劳务等经营活动，应向购货单位或接受劳务单位收取的款项，主要包括企业销售商品或提供劳务等应向有关债务人收取的价款及代购货单位垫付的包装费、运杂费等，是企业在信用活动中所形成的各种债权性资产

续上表

应收账款	特征	应收账款是企业因销售商品、产品、提供劳务等经营活动所形成的债权
		应收账款是指流动资产性质的债权
		应收账款是企业应收客户的款项，包括代垫的运杂费
	科目	“应收账款”科目核算企业销售商品、物资和其他经营，以及在经营中代付的运杂费等应向购买方所收取的而尚未收到的款项
	计价	按实际发生额计价入账

二、应收账款科目的概念

为了反映应收账款的增减变动及其结存情况，企业应设置“应收账款”科目，不单独设置“预收账款”科目的企业，预收的账款也在“应收账款”科目核算。“应收账款”科目核算企业销售商品、物资和其他经营，以及在经营中代付的运杂费等应向购买方收取的而尚未收到的款项。“应收账款”科目的借方登记应收账款的增加，贷方登记应收账款的收回及确认的坏账损失。特别需要说明的是，企业代购货单位垫付包装费、运杂费也应计入应收账款，通过“应收账款”科目核算。

期末“应收账款”科目的余额一般在借方，反映企业当时尚未收回的应收账款；如果期末余额在贷方，则反映企业预收的账款。“应收账款”科目应按不同的购货单位或接受劳务的单位设置明细账，进行明细核算。

三、应收账款的计价

应收账款通常应按实际发生额计价入账。计价时还需要考虑商业折扣和现金折扣等因素。

（一）商业折扣

商业折扣是指企业根据市场供需情况，或针对不同的顾客，在商品标价上给予的扣除，是为鼓励客户购买本企业的产品而给予客户的价格优惠。

商业折扣是企业最常用的促销手段。商业折扣一般在交易发生时即已确定，它仅仅是确定实际销售价格的一种手段，不需要在买卖双方任何一方的账上反映，所以商业折扣对应收账款的入账价值没有影响。因此，在存在商业折扣的情况下，企业应收账款入账金额应按扣除商业折扣以后的实际售价确认。

1. 企业发生的应收账款，在没有商业折扣的情况下，按应收的全部金额入账。

【例2-1】 三木制造公司向丽雅服装商店销售一批服装，价值总计58 000元，适用的增值税率为13%，代购货单位垫付杂费2 000元，已办妥银行收款手续。

借：应收账款　67 540
　　贷：主营业务收入　58 000
　　　　应交税费——应交增值税（销项税额）　7 540
　　　　银行存款　2 000

收到货款时：

借：银行存款　67 540
　　贷：应收账款　67 540

2. 企业发生的应收账款，在有商业折扣的情况下，应按扣除商业折扣后的余额入账。

【例2-2】 三木制造公司销售一批产品，按价目表标明的价格计算，金额为20 000元，由于是成批销售，销货方给购货方10%的商业折扣，金额为2 000元，销货方应收账款的入账金额为18 000元，适用增值税率为13%。销售额和折扣额在同一专用发票上注明。

借：应收账款　20 340
　　贷：主营业务收入　18 000
　　　　应交税费——应交增值税（销项税额）　2 340

收到货款时：

借：银行存款　20 340
　　贷：应收账款　20 340

（二）现金折扣

现金折扣是指债权人为鼓励债务人在规定的期限内付款，而向债务人提供的债务扣除。现金折扣通常发生在以赊销方式销售商品及提供劳务的交易中。企业为了鼓励客户提前偿付货款，通常与债务人达成协议，债务人在不同期限内付款可享受不同比例的折扣。现金折扣一般用符号“折扣/付款期限”表示。例如买方在 10 天内付款可按售价给予 2% 的折扣，用符号“2/10”表示；在 20 天内付款按售价给予 1% 的折扣，用符号“1/20”表示；在 30 天内付款，则无折扣，用符号“n/30”表示。

在存在现金折扣的情况下，应收账款应以未减去现金折扣的金额作为入账价值。实际发生的现金折扣，作为一种理财费用，计入发生当期的损益。企业发生的应收账款在有现金折扣的情况下，采用总价法入账，发生的现金折扣作为财务费用处理。

【例 2-3】 三木制造公司销售产品 10 000 元，规定的现金折扣条件为“2/10，n/30”，适用的增值税为 13%，产品交付并办妥托收手续。

借：应收账款	11 300	
贷：主营业务收入		10 000
应交税费——应交增值税（销项税额）		1 300

收到货款时，根据购货企业是否得到现金折扣的情况入账。如果上述货款在 10 天内收到：

借：银行存款	11 074	
财务费用	226	
贷：应收账款		11 300

如果超过了现金折扣的最后期限：

借：银行存款	11 300	
贷：应收账款		11 300

▶小案例◀

企鹅出版公司现金折扣会计舞弊案

企鹅出版公司采用信用销售方式来销售公司产品，该公司声明对那些在规定信用期内提前付款的客户，公司将在销售价格上给予10%的折扣。在会计记账规则下，确认销售收入时，企业账目上反映为贷方有一个按销售总金额计算的“应收账款”项目，当购买者在价格上得到10%折扣的时候，企业在借方按照应收账款的90%计入“现金”，同时将剩下的10%计为“财务费用”，因此，这个10%的“财务费用”支出，就会减少最终企业报表中的净利润。

但企鹅出版公司并没有按照这样的标准记账规则来记账。它对在信用期内客户提前付款的处理，是按原设定销售价格90%计算的销售总额记入“现金”，同时贷方也按照这个数字冲销“应收账款”，如此一来，10%的现金折扣就不再被作为费用处理。企鹅出版公司通过这种手段，简单地在应收账款中做出保留，就人为地增加了公司的利润。

尽管从单个消费者的角度来看，10%的现金折扣只是很小的一个数字，但企鹅出版公司在长达6年的时间中利用这个方法保留下来的应收账款（同时也是财务费用）达到了1.63亿美元。在企鹅出版公司的集团公司Person公司决定把企鹅公司与最新购进的Putnam Berkley出版社合并时，这些隐藏的财务费用才被发现，最终导致公司被迫进行破产清算。

四、涉及“应收账款”的会计分录

企业经营活动中经常会涉及到应收账款的处理，下面我们将介绍应收账款的一些主要会计分录，应收账款在债务重组中的会计分录将在第十章中介绍。

1. 企业销售商品、物资或提供商品劳务，发生应收款项时，应作如下会计分录：

发生应收款项时：	收到有关款项时：
借：应收账款——×× 　　贷：主营业务收入、其他业务收入 　　　　应交税费——应交增值税 　　　　　　（销项税额）	借：银行存款 　　贷：应收账款——××

2. 企业为购货单位垫付的包装费、运杂费等应作如下会计分录：

垫付包装费、运杂费时：	收回代付的费用时：
借：应收账款——×× 　　贷：银行存款	借：银行存款 　　贷：应收账款——××

3. 企业的应收账款如果是汇票结算、收到的是商业承兑汇票，其会计分录为：

应收账款是汇票结算、收到的是商业承兑汇票时：
借：应收票据——×× 　　贷：应收账款——××

4. 有些单位的应收账款确实无法收回（倒闭或其他原因），需要提取坏账准备，其记账凭证的会计分录为：

提取坏账准备的企业：	未提坏账准备的企业：
借：坏账准备 　　贷：应收账款——××	借：管理费用 　　贷：应收账款——××

5. 对原确认的坏账损失并已转入“坏账准备”科目的，后来因为其他原因又收回时必须进行冲销。其记账凭证的会计分录为：

坏账准备的转回：	收到款项时：
借：应收账款——×× 贷：坏账准备	借：银行存款 贷：应收账款——××

第二节 从财务管理角度看应收账款

一、应收账款的功能

企业通过提供商业信用，采取赊销、分期付款等方式可以扩大销售，增强竞争力，获得利润。应收账款作为企业为扩大销售和盈利的一项投资，也会发生一定的成本。所以企业需要在应收账款所增加的盈利和所增加的成本之间作出权衡。应收账款管理就是分析赊销的条件，使赊销带来的盈利增加大于应收账款投资产生的成本增加，最终使企业现金收入增加，企业价值上升。

应收账款的功能指其在生产经营中的作用。主要有图 2－1 所示的两方面。

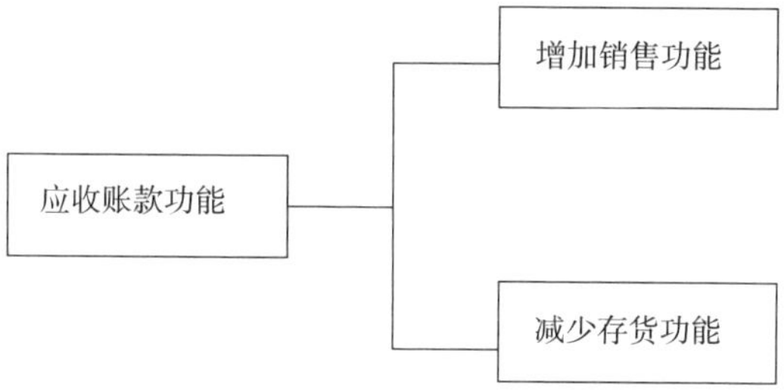

图 2－1

1. 增加销售功能

在激烈的市场竞争中，通过提供赊销可有效地促进销售。因为企业提供赊销不仅向顾客提供了商品，也在一定时间内向顾客提供了购买该商品的资金，顾客将从赊销中得到好处。所以赊销会带来企业销售收入和利润的增加。

2. 减少存货功能

企业持有一定产成品存货时，会相应地占用资金，形成仓储费用、管理费用等，产生成本；而赊销则可避免这些成本的产生。所以当企业的产成品存货较多时，一般会采用优惠的信用条件进行赊销，将存货转化为应收账款，节约支出。

二、应收账款的成本

应收账款作为企业为增加销售和盈利进行的投资，必然会发生一定的成本。应收账款的成本主要有图 2－2 三个方面。

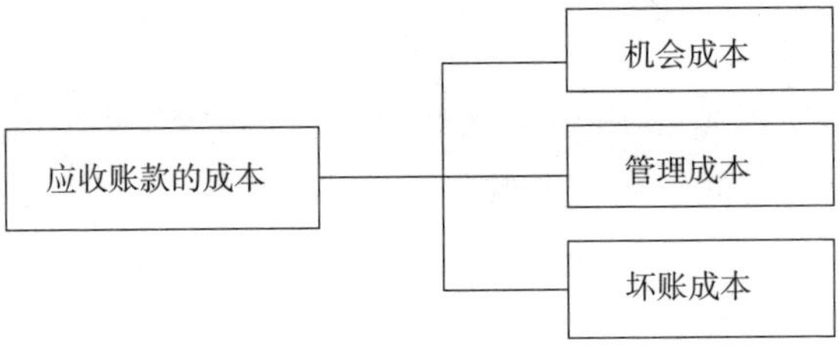

图 2－2

1. 应收账款的机会成本

应收账款会占用企业一定量的资金，而企业若不把这部分资金投放于应收账款，便可以用于其他投资并可能获得收益，如投资债券获得利息收入。这种因投放于应收账款而放弃其他投资所带来的收益，即为应收账款的机会成本。

2. 应收账款的管理成本

主要是指在进行应收账款管理时，所增加的费用。主要包括调查顾客信用状况的费用、收集各种信息的费用、账簿的记录费用、收账费用等。

3. 应收账款的坏账成本

在赊销交易中，债务人由于种种原因无力偿还债务，债权人就有可能无法收回应收账款而发生损失，这种损失就是坏账成本。可以说，企业发生坏账成本是不可避免的，而此项成本一般与应收账款发生的数量成正比。

三、信用政策

为了确保企业能一致性地运用信用和保证公平性，企业必须保持恰当的信用政策，明确地规定信用标准、信用条件、信用期间和折扣条件，具体内容如 2－3 所示。

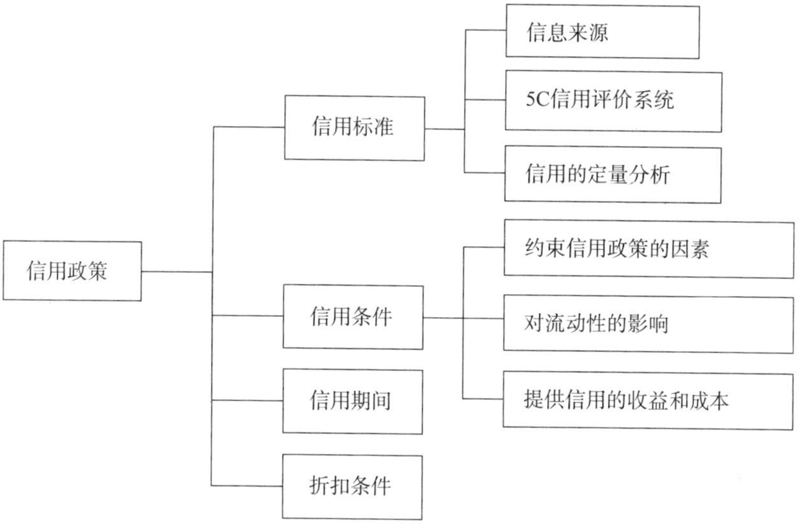

图2－3

（一）信用标准

信用认可标准代表企业愿意承担的最大付款风险的金额。如果企业执行的信用标准过于严格，可能会降低对符合可接受信用风险标准客户的赊销额，因此会限制企业的销售机会；如果企业执行的信用标准过于宽松，可能会对不符合可接受信用风险标准的客户提供赊销，因此会增加随后还款的风险并增加坏账费用。

1. 信息来源

当企业建立分析信用信息的方法时，必须考虑信息的类型、数量和成本。信息既可以从企业内部收集，也可以从企业外部收集。无论信用信息从哪里收集，都必须将成本与预期的收益进行对比。企业内部产生的最重要的信用信息来源是信用申请人执行信用申请（协议）的情况和企业自己保存的有关信用申请人还款历史的记录。

企业可以使用各种外部信息来源来帮助其确定申请人的信誉。申请人的财务报表是该种信息主要来源之一。无论是经过审计的还是没有经过审计的财务报表，由于可以将这些财务报表及其相关比率与行业平均数进行对比，因此它们都提供了有关信用申请人的重要信息。

获得申请人付款状况的第二个信息来源是一些商业参考资料或申请人过去获得赊销的供货商。另外，银行或其他贷款机构（如商业贷款机构或租赁公司）可以提供申请人财务状况和可使用信息额度方面的标准化信息，最后，一些地方性和全国性的信用评级机构收集、评价和报告有关申请人信用状况的历史信息。这些信用报告包括诸如以下内容的信息：还款历史、财务信息、最高信用额度、可获得的最长信用期限和所有未了结的债务诉讼。由于还款状况的信息是以自愿为基础提供给评级机构的，因此评级机构所使用的样本量可能较小并且（或）不能准确反映企业还款历史的整体状况。

2. 5C 信用评价系统

信用评价取决于可以获得的信息类型、信用评价的成本与收益。传统的信用评价主要考虑以下五个因素。

（1）品质（Character）：是指个人申请人或企业申请人管理者诚实和正直的表现。品质反映了个人或企业在过去的还款中所体现的还款意图和愿望。

（2）能力（Capacity）：能力反映的是企业或个人在其债务到期时可以用于偿债的当前和未来的财务资源。可以使用流动比率和现金流预测等方法评价申请人的还款能力。

（3）资本（Capital）：资本是指如果企业或个人当前的现金流不足以还债，他们在短期和长期内可供使用的财务资源。

（4）抵押（Collateral）：抵押是指当企业或个人不能满足还款条款时，可以用作债务担保的资产或其他担保物。

（5）条件（Condition）：条件是指影响顾客还款能力和还款意愿的经济环境，对申请人的这些条件进行评价以决定是否给其提供信用。

3. 信用的定量分析

进行商业信用的定量分析可以从考察信用申请人的财务报表开始。通常使用比率分析法评价顾客的财务状况。常用的指标有：流动性和营运资本比率（如流动比率、速动比率以及现金对负债总额比率）、债务管理和支付比率（利息保障倍数、长期债务对资本比率、带息债务对资产总额比率，以及负债总额对资产总额比率）和盈利能力指标（销售回报率、总资产回报率和净资产收益率）。

将这些指标和信用评级机构及其他协会发布的行业标准进行比较可以洞察申请人的信用状况。定量信用评价法常被像百货店这样的大型零售信用提供商使用。信用评分包括以下四个步骤。

（1）根据信用申请人的月收入、尚未偿还的债务和过去受雇佣的情况将申请人划分为标准的客户和高风险的客户。

（2）对符合某一类型申请人的特征值进行加权平均以确定信誉值。

（3）确定明确的同意或拒绝给予信用的门槛值。

（4）对落在同意给予信用的门槛值或拒绝给予信用的门槛值之间的申请人进行进一步分析。

这些定量分析方法符合成本－效益原则，并且也符合消费者信用方面的法律规定。判断分析是一种规范的统计分析方法，可以有效确定区分按约付款或违约付款顾客的因素。

（二）信用条件

信用条件是销货企业要求赊购客户支付货款的条件，由信用期限和现金折扣两个要素组成。规定信用条件包括设计销售合同或协议来明确规定在什么情形下可以给予信用。企业必须建立信息系统或购买软件对应收账款进行监控以保证信用条款的执行，并且查明顾客还款方式在总体和个体方面可能发生的变化。

1. 约束信用政策的因素

有许多因素影响企业的信用政策。在许多行业，信用条件和政策已经成为标准化的惯例，因此某一家企业很难采取与其竞争对手不同的信用条件。企业还必须考虑提供商业信用对现有贷款契约的影响。因为应收账款的变化可能会影响流动比率，可能会导致违反贷款契约中有关流动比率的约定。

2. 对流动性的影响

公司的信用条件、销售额和收账方式决定了其应收账款的水平。应收账款的占用必须要有相应的资金来源，因此企业对客户提供信用的能力与其自身的借款能力相关。不适当地管理应收账款可能会导致顾客延期付款而导致流动性问题。然而，当应收账款用于抵押贷款或作为债务担保工具或出售时，应收账款也可以成为流动性的来源。

3. 提供信用的收益和成本

因为提供信用可以增加销售额，所以商业信用可能会增加企业的收益。赊销的另一个潜在的收益来源是从分期收款销售安排中获得利息收益。利息可能是一块很大的利润来源，尤其是零售型企业通过自己私有品牌的信用卡或分期收款合同向顾客提供直接融资时更是如此。

另一方面，提供信用也有成本。应收账款的主要成本是持有成本。一般来说，企业根据短期借款的边际成本或加权平均成本（WACC）确定应收账款的持有成本。运营和维持企业信用部门的成本也是非常高的，其成本包括人员成本、数据处理成本和还款处理成本、信用评估成本和从第三方购买信用信息的成本。

（三）信用期间

监管逾期账款和催收坏账的成本影响企业的利润。根据相关会计准则的规定，不能收回的应收账款应该确认为坏账损失。多数企业根据过去的收款情况来估计坏账损失的数额并建立“坏账准备”账户，同时将坏账费用记入当期损益。信用政策的一个重要方面就是确定坏账费用和注销坏账费用的时间和金额。

催收逾期账款的成本可能很高。企业可以通过购买各种类型的补偿坏账损失的保险来降低坏账的影响。在评价赊销潜在的盈利能力时，必须对保险费进行成本－效益分析。

信用期间是企业允许顾客从购货到付款之间的时间，或者说是企业给予顾客的付款期间。例如，若某企业允许顾客在购货后的50天内付款，则信用期为50天，信用期过短，不足以吸引顾客，在竞争中会使销售额下降；信用期过长，对销售额增加固然有利，但只顾及销售增长而盲目放宽信用期，所得到的收益有时会被增长的费用抵消，甚至造成利润减少。因此，企业必须慎重研究，确定出恰当的信用期。

信用期的确定，主要是分析改变现行信用期对收入和成本的影响。延长信用期，会使销售额增加，产生有利影响；与此同时，应收账款、收账费用和坏账损失增加，会产生不利影响。当前者大于后者时，可以延长信用期，否则不宜延长。如果缩短信用期，情况与此相反。

【例2－4】 A公司目前采用30天按发票金额（无现金折扣）付款的信用政策，拟将信用期间放宽至60天，仍按发票金额付款。假设该风险投资的最低报酬率为15%，其他有关数据如下表2－1所示。

表 2-1　信用期决策数据

项目	信用期间（30 天）	信用期间（60 天）
“全年”销售量（件）	100 000	120 000
“全年”销售额（单价 5 元）	500 000	600 000
“全年”销售成本（元）：		
变动成本（每件 4 元）	400 000	480 000
固定成本（元）	50 000	50 000
毛利（元）	50 000	70 000
可能发生的收账费用（元）	3 000	4 000
可能发生的坏账损失（元）	5 000	9 000

注：“全年”字样要特别注意，千万不能理解为“30 天内销售 100 000 件”及“60 天内销售 120 000 件”，正确的理解应为：在 30 天信用期和 60 天信用期两种销售政策下，年销售量分别为 100 000 件和 120 000 件。

在分析时，先计算放宽信用期得到的收益，然后计算增加的成本，最后根据两者比较的结果做出判断。

1. 收益增加

收益的增加 = 销售量的增加 × 单位边际贡献 =（120 000 - 100 000）×（5 - 4）= 20 000（元）

2. 应收账款占用资金应计利息增加的计算

（1）应收账款平均余额 = 日销售额 × 信用期间或平均收现期

（若顾客主动遵守信用，没有延期付款的则为信用期，如果顾客拖延付款，则为平均收现期）

（2）应收账款占用资金 = 应收账款平均余额 × 变动成本率

（3）应收账款占用资金的“应计利息”

= 应收账款占用资金 × 资本成本

= 应收账款平均余额 × 变动成本率 × 资本成本

= 日销售额 × 信用期间或平均收现期 × 变动成本率 × 资本成本

=（全年销售额 × 变动成本率）÷ 360 × 信用期间或平均收现期 × 资本成本

= 全年销售变动成本 ÷ 360 × 信用期间或平均收现期 × 资本成本

改变信用期间导致的应计利息增加＝60 天信用期应计利息－30 天信用期应计利息

$$=\frac{600\ 000}{360}\times 60\times\frac{480\ 000}{600\ 000}\times 15\%-\frac{500\ 000}{360}\times 30\times\frac{400\ 000}{500\ 000}\times 15\%$$

$$=\frac{480\ 000}{360}\times 60\times 15\%-\frac{400\ 000}{360}\times 30\times 15\%=7\ 000\text{（元）}$$

3. 收账费用和坏账费用损失增加

收账费用增加＝4 000－3 000＝1 000（元）

坏账损失增加＝9 000－5 000＝4 000（元）

4. 改变信用期的税前损益

改变信用期间的税前损益＝收益增加－成本费用增加＝20 000－7 000－1 000－4 000＝8 000（元）

由于收益的增加大于成本增加，故应采用 60 天信用期。

上述信用期分析的方法比较简略，可以满足一般制定信用政策的需要。如有必要，也可以进行更细致的分析，如进一步考虑：销售增加引起存货增加而占用的资金。

【例 2－5】 延续上例数据，假设上述 30 天信用期变为 60 天后，因销售量增加，年平均存货水平从 9 000 件上升到 20 000 件，每件存货按变动成本 4 元计算，其他情况依旧。

由于增添了新的存货增加因素，需要在原来分析的基础上，再考虑存货增加而多占资金所带来的影响，重新计算放宽信用期的损益。

存货增加而多占用资金的应计利息＝(20 000－9 000)×4×15%＝6 600（元）

改变信用期间的税前损益＝收益增加－成本费用增加

＝20 000－7 000－1 000－4 000－6 600

＝1 400（元）

因为仍然可以获得税前收益，所以尽管会增加平均存货，还是应该采用 60 天的信用期。

更进一步的细致分析，还应考虑存货增加引起的应付账款的增加。

这种负债的增加会节约企业的营运资金，减少营运资金的“应计利息”。因此，信用期变动的分析，一方面要考虑对利润表的影响（包括收入、成本和费用）；另一方面要考虑对资产负债表的影响（包括应收账款、存货、应付账款），并且要将对资金占用的影响用“资本成本”转化为“应计利息”，以便进行统一的得失比较。

此外，还有一个值得注意的细节，就是“应收账款占用资金”应当按“应收账款平均余额乘以变动成本率”计算确定。

（四）折扣条件

如果公司给顾客提供现金折扣，那么顾客在折扣期付款少付的金额产生的“成本”将影响公司收益。当顾客利用了公司提供的折扣，而折扣又没有促使销售额增长时，公司的净收益则会下降。当然上述收入方面的损失可能会全部或部分地由应收账款持有成本的下降所补偿。宽松的信用政策可能会提高销售收入，但是它也会使应收账款的服务成本、收账成本和坏账损失增加。

现金折扣是企业对顾客在商品价格上的扣减。向顾客提供这种价格上的优惠，主要目的在于吸引顾客为享受优惠而提前付款，缩短企业的平均收款期。另外，现金折扣也能招揽一些视折扣为减价出售的顾客前来购货，借此扩大销售量。

企业采用什么程度的现金折扣，要与信用期间结合起来考虑呢？比如，要求顾客最迟不超过 30 天付款，若希望顾客 20 天、10 天付款，能给予多大折扣？或者给予 5%、3% 的折扣，能吸引顾客在多少天内付款？不论是信用期间还是现金折扣，都可能给企业带来收益，但也会增加成本。现金折扣带给企业的好处前面已经讲过，它使企业增加的成本，则指的是价格折扣损失。当企业给予顾客某种现金折扣时，应当考虑折扣所能带来的收益与成本孰高孰低，权衡利弊。

因为现金折扣是与信用期间结合使用的，所以确定折扣程度的方法与程序实际上与前述确定信用期间的方法与程序一致，只不过要把所提供的延期付款时间和折扣综合起来，计算各方案的延期与折扣能取得多大的收益增量，再计算各方案带来的成本变化，最终确定最佳方案。

【例2－6】 沿用上述信用期决策的数据，假设该公司在放宽信用期的同时，为了吸引顾客尽早付款，提出了0.8/30，N/60的现金折扣条件，估计会有一半的顾客（按60天信用期所能实现的销售量计算）将享受现金折扣优惠。

1. 收益的增加

收益的增加＝销售量的增加×单位边际贡献

$$=(120\ 000-100\ 000)\times(5-4)=20\ 000\text{（元）}$$

2. 应收账款占用资金的应计利息增加

$$30\text{天信用期应计利息}=\frac{500\ 000}{360}\times 30\times\frac{400\ 000}{500\ 000}\times 15\%=5\ 000\text{（元）}$$

提供现金折扣的应计利息

$$=\frac{600\ 000\times 50\%}{360}\times 60\times\frac{480\ 000\times 50\%}{600\ 000\times 50\%}\times 15\%+\frac{600\ 000\times 50\%}{360}\times 30\times\frac{480\ 000\times 50\%}{600\ 000\times 50\%}\times 15\%$$

$$=6\ 000+3\ 000=9\ 000\text{（元）}$$

应收账款占用资金的应计利息增加＝9 000－5 000＝4 000（元）

3. 收账费用和坏账损失增加

收账费用增加＝4 000－3 000＝1 000（元）

坏账损失增加＝9 000－5 000＝4 000（元）

4. 估计现金折扣成本的变化

现金折扣成本增加＝新的销售水平×新的现金折扣率×享受现金折扣的顾客比例－旧的销售水平×旧的现金折扣率×享受现金折扣的顾客比例＝600 000×0.8%×50%－500 000×0×0＝2 400（元）

5. 提供现金折扣后的税前损益

收益增加－成本费用增加＝20 000－（4 000＋1 000＋4 000＋2 400）＝8 600（元）

由于可获得税前收益，故应当放宽信用期，提供现金折扣。

四、应收账款的监控

实施信用政策时，企业应当监督和控制每一笔应收账款和应收账款总额。例如，可以运用应收账款周转天数衡量企业需要多长时间收回应收账款，可以通过账龄分析表追踪每一笔应收账款，可以采用 ABC 分析法来确定重点监控的对象等。

监督每一笔应收账款的理由是：

第一，在开票或收款过程中可能会发生错误或延迟。

第二，有些客户可能故意拖欠到企业采取追款行动才付款。

第三，客户财务状况的变化可能会改变其按时付款的能力，并且需要缩减该客户未来的赊销额度。

企业也必须对应收账款的总体水平加以监督，因为应收账款的增加会影响企业的流动性，还可能导致额外融资的需要。此外，应收账款总体水平的显著变化可能表明业务方面发生了改变，这可能影响公司的融资需要和现金水平。企业管理部门需要分析这些变化以确定其起因并采取纠正措施。可能引起重大变化的事件包括销售量的变化、季节性、信用标准政策的修改、经济状况的波动以及竞争对手采取的促销等行动。最后，对应收账款总额进行分析还有助于预测未来现金流入的金额和时间。

（一）应收账款周转天数

应收账款周转天数或平均收账期是衡量应收账款管理状况的一种方法。应收账款周转天数的计算方法为：将期末在外的应收账款除以该期间的平均日赊销额。应收账款周转天数提供了一个简单的指标，将企业当前的应收账款周转天数与规定的信用期限、历史趋势以及行业正常水平进行比较可以反映企业整体的收款效率。然而，应收账款周转天数可能会被销售量的变动趋势和销售的剧烈波动以及季节性销售所破坏。

【例2－7】 本例提供了一个计算90天期应收账款周转天数的基本方法。在没有考虑该期间销售方式的情况下所计算出的平均每日销售额为3 444. 44元。

假设20××年3月底的应收账款为285 000元，信用条件为在60天按全额付清货款，过去3个月的赊销情况为：

1月份：90 000. 00元

2月份：105 000. 00元

3月份：115 000. 00元

应收账款周转天数的计算：

$$\text{平均日销售额}=\frac{90\ 000.00+105\ 000.00+115\ 000.00}{90}$$

$$=3\ 444.44\ (\text{元})$$

$$\text{应收账款周转天数}=\frac{\text{期末应收账款}}{\text{平均日销售额}}=\frac{285\ 000.00}{3\ 444.44}\approx 82.74\ (\text{天})$$

平均逾期天数的计算：

平均逾期天数＝应收账款周转天数－平均信用期天数＝82.74－60＝22.74（天）

（二）账龄分析表

账龄分析表将应收账款划分为未到信用期的应收账款和以30天为间隔的逾期应收账款，这是衡量应收账款管理状况的另外一种方法。企业既可以按照应收账款总额进行账龄分析，也可以分顾客进行账龄分析。账龄分析可以确定逾期应收账款，随着逾期时间的增加，应收账款收回的可能性变小。假定信用期限为30天，表2－2中的账龄分析表反映出30%的应收账款为逾期收款。

表2－2　账龄分析表

账龄（天）	应收账款金额（元）	占应收账款总额的百分比（%）
0～30	1 750 000	70
31～60	375 000	15
61～90	250 000	10
≥91	125 000	5
合计	2 500 000	100

账龄分析表比计算应收账款周转天数更能揭示应收账款变化趋势，因为账龄分析表给出了应收账款分布的模式，而不仅仅是一个平均数。应收账款周转天数有可能与信用期限相一致，但是有一些账户可能拖欠很严重。因此应收账款周转天数不能明确地表现出账款拖欠情况。当各个月之间的

销售额变化很大时，账龄分析表和应收账款周转天数都可能发出类似的错误信号。

▶小案例◀

高龄应收账款风险大

百大集团股份有限公司在浙江省杭州市经营百货、餐饮服务、旅游等产业。公司2000年度实现主营业务收入92 847.95万元，实现利润7 256.30万元。坏账准备按应收款项（包括应收账款和其他应收款）余额的5%计提。其2000年年末应收账款总额为33 591 671元，根据报表附注，应收账款的账龄构成如表2-3所示：

表2-3 应收账款账龄构成

金额单位：元

账龄	期末数			期初数		
	金额	比例	坏账准备	金额	比例（%）	坏账准备
1年以内	2 966 263	8.83	148 313	3 041 010	7.97	152 050
1~2年	95 403	0.28	4 770	1 039 597	2.73	51 979
2~3年				17 577 619	46.09	878 880
3年以上	30 530 004	90.89	1 526 500	16 481 421	43.21	1 415 336
合计	33 591 670	100	1 679 583	38 139 647	100	2 498 245

资料来源：公司报告

从应收账款的期初和期末数对比中可以看出，公司2000年年初2~3年账龄的应收账款存量几乎没有收回，在年末的资产负债表上成了3年以上的应收账款，这类高龄应收账款长期停滞在资产负债表上，形成坏账的风险很大。而公司对这些账龄在3年以上的应收账款仍按照5%计提坏账准备，风险储备明显不足，2001年，公司管理层对会计估计做出变更，将3年以上应收账款的坏账计提比例改为20%，以反映这部分应收账款的风险性，并且全额核销掉账龄在3年以上的应收账款4 269 031元，两项因素直接导致2001年减少利润500万元左右。

（三）应收账款账户余额的模式

账龄分析表可以用于建立应收账款余额的模式，这是重要的现金流预测工具。应收账款余额的模式反映一定期间（如1个月）的赊销额在发生赊销的当月月末及随后的各月仍未偿还的百分比。企业收款的历史决定了其正常的应收账款余额的模式。企业管理部门通过将当前的模式和过去的模式进行对比来评价应收账款余额模式的任何变化。企业还可以运用应收账款账户余额的模式来进行应收账款金额水平的计划，衡量应收账款的收账效率以及预测未来的现金流。

【例2-8】

表2-4 各月份销售及收款情况 金额单位：元

1月份销售：			250 000
1月份收款（销售额的5%）	0.05×250 000	=	12 500
2月份收款（销售额的40%）	0.40×250 000	=	100 000
3月份收款（销售额的35%）	0.35×250 000	=	87 500
收款合计：			200 000
1月份的销售仍未收回的应收账款：	250 000－200 000	=	50 000

上面的例子说明1月份的销售在3月末应收账款为50 000元。

计算未收回应收账款的另一个方法是将销售3个月后未收回销售额的百分比（20%）乘以销售额250 000元，即：

0.2×250 000=50 000（元）

然而，在实现世界中，有一定比例的应收账款会逾期或者会发生坏账。对应收账款账户余额的模式稍作调整可以反映这些项目。

【例2-9】 为了简便体现，假设没有坏账费用，收款模式如下：

（1）销售的当月收回销售额的5%；

（2）销售后的第一个月收回销售额的40%；

（3）销售后的第二个月收回销售额的35%；

（4）销售后的第三个月收回销售额的20%。

表2-5 各月份应收账款账户余额模式

月份	销售额（元）	月销售中于3月底未收回的金额（元）	月销售中于3月底仍未收回的百分比（%）
1月	250 000	50 000	20
2月	300 000	165 000	55
3月	400 000	380 000	95
4月	500 000		

3月末应收账款余额合计为：50 000+165 000+380 000=595 000（元）

4月份现金流入估计=4月份销售额的5%+3月份销售额的40%+2月份销售额的35%+1月份销售额的20%

估计的4月份现金流入=(0.05×500 000)+(0.40×400 000)+(0.35×300 000)+(0.20×250 000)=340 000（元）

（四）ABC分析法

ABC分析法是现代经济管理中广泛应用的一种“抓重点、照顾一般”

的管理方法，又称重点管理法。它将企业的所有欠款客户按其金额的多少进行分类排队，然后分别采用不同的收账策略的一种方法。它一方面能加快应收账款收回，另一方面能将收账费用与预期收益联系起来。

例如，某企业应收账款逾期金额为260万元，为了及时收回逾期货款，企业采用ABC分析法来加强应收账款回收的监控。具体数据如表2－6所示。

表2－6　欠款客户ABC分类法（共50家客户）

顾客	逾期金额（万元）	逾期期限	逾期金额所占比重（%）	类别
A	85	4个月	32.69	A
B	46	6个月	17.69	
C	34	3个月	13.08	
小计	165		63.46	
D	24	2个月	9.23	B
E	19	3个月	7.31	
F	15.5	2个月	5.96	
G	11.5	55天	4.42	
H	10	40天	3.85	
小计	80		30.77	
I	6	30天	2.31	C
J	4	28天	1.54	
…	…	…	…	
小计	15		5.77	
合计	260		100	

先按所有客户应收账款逾期金额的多少分类排队，并计算出逾期金额所占比重。从表2－6中可以看出，应收账款逾期金额在25万元以上的有3家，占客户总数的6%，逾期总额为165万元，占应收账款逾期金额总额的63.46%，我们将其划入A类，这类客户作为催款的重点对象。应收账款逾期金额在10万～25万元的客户有5家，占客户总数的10%，其逾期金额占应收账款逾期金额总数的30.77%，我们将其划入B类，欠款在10万元以

下的客户有42家，占客户总数的84%，但其逾期金额仅占应收账款逾期金额总额的5.77%，我们将其划入C类。

对这三类不同的客户，应采取不同的收款策略。例如，对A类客户，可以发出措辞较为严厉的信件催收，或派专人催收，或委托收款代理机构处理，甚至可通过法律解决；对B类客户则可以多发几封信函催收，或打电话催收；对C类客户只需要发出通知其付款的信函即可。

五、应收账款日常管理

应收账款的管理难度比较大，在确定合理的信用政策之后，还要做好应收账款的日常管理工作，包括对客户的信用调查和分析评价、应收账款的催收工作等。应收账款日常管理的分类如图2－4所示。

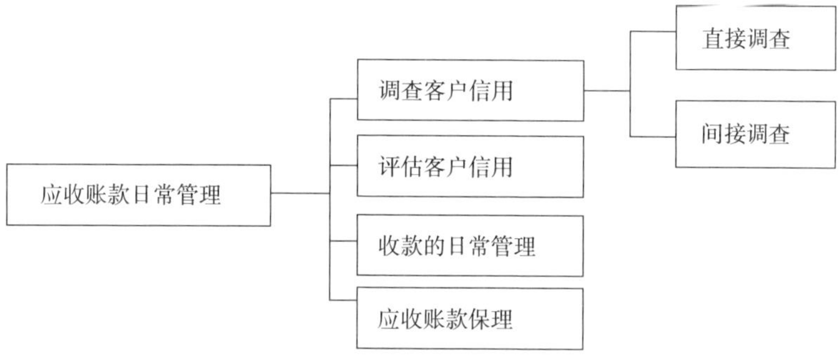

图2－4

（一）调查客户信用

信用调查是指收集和整理反映客户信用状况的有关资料的工作。信用调查是企业应收账款日常管理的基础，是正确评价客户信用的前提条件。企业对顾客进行信用调查主要通过两种方法。

1. 直接调查

直接调查是指调查人员通过与被调查单位进行直接接触，通过当面采访、询问、观看等方式获取信用资料的一种方法。直接调查可以保证收集资料的准确性和及时性，但也有一定的局限，往往获得的是感性资料，若不能得到被调查单位的合作，则会使调查工作难以开展。

2. 间接调查

间接调查是以被调查单位以及其他单位保存的有关原始记录和核算资

料为基础，通过加工整理获得被调查单位信用资料的一种方法。这些资料主要来自以下几个方面。

（1）财务报表。通过财务报表分析，可以基本掌握一个企业的财务状况和信用状况。

（2）信用评估机构。专门的信用评估部门，因为它们的评估方法先进，评估调查细致，评估程序合理，所以可信度较高。

（3）银行。银行是信用资料的一个重要来源，许多银行都设有信用部，为其顾客服务，并负责对其顾客信用状况进行记录、评估。但银行的资料一般仅愿意在内部及同行进行交流，而不愿向其他单位提供。

（4）其他途径。如财税部门、工商管理部门、消费者协会等机构都可能提供相关的信用状况资料。

（二）评估客户信用

收集好信用资料以后，就需要对这些资料进行分析、评价。企业一般采用“5C”系统来评价，并对客户信用进行等级划分。在信用等级方面，目前主要有两种：一种是三类九等，即将企业的信用状况分为AAA、AA、A、BBB、BB、B、CCC、CC、C九等，其中AAA为信用最优等级，C为信用最低等级。另一种是三级制，即分为AAA、AA、A三个信用等级。

（三）收款的日常管理

应收账款发生后，企业应采取各种措施，尽量争取按期收回款项，否则会因拖欠时间过长而发生坏账，使企业蒙受损失。因此，企业必须在对收账的收益与成本进行比较分析的基础上，制订切实可行的收账政策。通常企业可以采取寄发账单、电话催收、派人上门催收、法律诉讼等方式进行催收应收账款，然而催收账款要发生费用，某些催款方式的费用还会很高。一般说来，收账的花费越大，收账措施越有力，可收回的账款应越多，坏账损失也就越小。因此制定收账政策，又要在收账费用和所减少坏账损失之间做出权衡。制定有效、得当的收账政策很大程度上靠有关人员的经验；从财务管理的角度讲，也有一些数量化的方法可以参照。根据应收账款总成本最小化的原则，可以通过比较各收账方案成本的大小对其加以选择。

（四）应收账款保理

保理是保付代理的简称，是指保理商与债权人签订协议，转让其对应收账款的部分或全部权利与义务，并收取一定费用的过程。

保理又称托收保付，是指卖方（供应商或出口商）与保理商之间存在的一种契约关系；根据契约，卖方将其现在或将来的基于其与买方（债务人）订立的货物销售（服务）合同所产生的应收账款转让给保理商，由保理商提供下列服务中的至少两项：贸易融资、销售分户账管理、应收账款的催收、信用风险控制与坏账担保。可见，保理是一项综合性的金融服务方式，其同单纯的融资或收账管理有本质区别。

应收账款保理是企业将赊销形成的未到期应收账款在满足一定条件的情况下，转让给保理商，以获得银行的流动资金支持，加快资金的周转。保理可以分为有追索权保理（非买断型）和无追索权保理（买断型）、明保理和暗保理、折扣保理和到期保理。

有追索权保理是指供应商将债权转让给保理商，供应商向保理商融通资金后，如果购货商拒绝付款或无力付款，保理商有权向供应商要求偿还预付的现金，如购货商破产或无力支付，只要有关款项到期未能收回，保理商都有权向供应商进行追索，因而保理商具有全部“追索权”，这种保理方式在我国采用较多。无追索权保理是指保理商将销售合同完全买断，并承担全部的收款风险。

明保理是指保理商和供应商需要将销售合同被转让的情况通知购货商，并签订保理商、供应商、购货商之间的三方合同。暗保理是指供应商为了避免让客户知道自己因流动资金不足而转让应收账款，并不将债权转让情况通知客户，货款到期时仍由销售商出面催款，再向银行偿还借款。

折扣保理又称为融资保理，即在销售合同到期前，保理商将剩余未收款部分先预付给销售商，一般不超过全部合同额的70%～90%。到期保理是指保理商并不提供预付账款融资，而是在赊销到期时才支付，届时不管货款是否收到，保理商都必须向销售商支付货款。

应收账款保理对于企业而言，其理财作用主要体现在如图2-5所示的4个方面：

（1）融资功能。应收账款保理，其实质也是一种利用未到期应收账款这种流动资产作为抵押从而获得银行短期借款的一种融资方式。对于那些规模小、销售业务少的公司来说，向银行贷款将会受到很大的限制，而自身的原始积累又不能支撑企业的高速发展，通过保理业务进行融资可能是企业较为明智的选择。

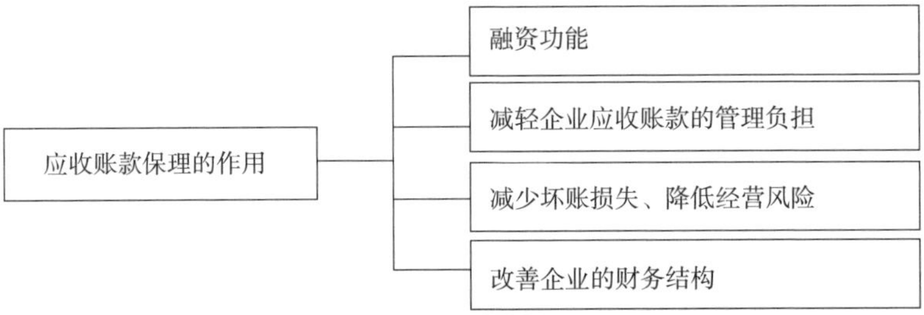

图2－5

（2）减轻企业应收账款的管理负担。推行保理业务是市场分工思想的运用，面对市场的激烈竞争，企业可以把应收账款让与专门的保理商进行管理，使企业从应收账款的管理之中解脱出来，由专业的保理公司对销售企业的应收账款进行管理，他们具备专业技术人员和业务运行机制，会详细地对销售客户的信用状况进行调查，建立一套有效的收款政策，及时收回账款，使企业减轻财务管理负担，提高财务管理效率。

（3）减少坏账损失、降低经营风险。企业只要有应收账款就有发生坏账的可能性，以往应收账款的风险都是由企业单独承担，而采用应收账款保理后，一方面可以提供信用风险控制与坏账担保，帮助企业降低其客户违约的风险，另一方面可以借助专业的保理商去催收账款，能够在很大程度上降低坏账发生的可能性，有效地控制坏账风险。

（4）改善企业的财务结构。应收账款保理业务是将企业的应收账款与货币资金进行置换。企业通过出售应收账款，将流动性稍弱的应收账款置换为具有高度流动性的货币资金，增强了企业资产的流动性，提高了企业的债务清偿能力和盈利能力。

改革开放以后，我国开始试行保理服务业务，然而从整体上看，应收账款保理业务的发展在我国仍处于起步阶段，目前只有少数银行（如中国银行、交通银行、光大银行及中信银行等商业银行）公开对外宣称提供保理业务。随着市场的需要，竞争的加剧，保理业务在国内将会得到更好的发展。

【例2－10】 W公司主要生产和销售中央空调、手机芯片和等离子电视机。2×18年全年实现的销售收入为14.44亿元，由于货款回收出现严重问题，公司资金周转陷入困境。公司2×18年有关应收账款具体情况如表2－7所示。

表2－7　W公司2×18年应收账款账龄分析表

金额单位：亿元

应收账款	中央空调	手机芯片	等离子电视机	合计
年初应收账款总额	2.93	2.09	3.52	8.54
年末应收账款：				
(1) 6个月以内	1.46	0.80	0.58	2.84
(2) 6~12个月	1.26	1.56	1.04	3.86
(3) 1~2年	0.20	0.24	3.26	3.70
(4) 2~3年	0.08	0.12	0.63	0.83
(5) 3年以上	0.06	0.08	0.09	0.23
年末应收账款总额	3.06	2.80	5.60	11.46

上述应收账款中，中央空调的欠款单位主要是机关和大型事业单位；手机芯片的欠款单位均是国内知名手机生产厂家；等离子电视机的主要欠款单位是美国Y公司。

2×19年W公司销售收入预算为18亿元，公司为了摆脱资金周转困境，采用借款等措施后，仍有6亿元资金缺口。W公司决定对应收账款采取以下措施：

(1) 较大幅度地提高现金折扣率，在其他条件不变的情况下，预计可使应收账款周转率由2×18年的1.44提高至2×19年的1.74，从而加快回收应收账款。

(2) 成立专门催收机构，加大应收账款催收力度，预计可提前收回资金0.4亿元。

(3) 将6~12个月应收账款转售给有关银行，提前获得周转所需货币资金。据分析，W公司销售中央空调和手机芯片发生的6~12个月应收账款可平均以九二折转售银行（且可无追索权）；销售等离子电视机发生的6~12个月应收账款可平均以九零折转售银行（但必须附追索权）。

（4）2×19年以前，W公司给予Y公司一年期的信用政策；2×19年，Y公司要求将信用期限延长两年。考虑到Y公司信誉好，且W公司资金紧张时应收账款可转售银行（但必须附追索权），为了扩大外销，W公司接受了Y公司的条件。

根据上述资料，可以计算分析如下：

（1）2×19年年末应收账款：（18÷1.74）×2－11.46＝9.23（亿元）

采取第（1）项措施2×19年增收的资金数额：11.46－9.23＝2.23（亿元）

（2）采取第（3）项措施2×19年增收的资金数额：（1.26＋1.56）×0.92＋1.04×0.9＝3.53（亿元）

（3）采取（1）至（3）项措施预计2×19年增收的资金总额：2.23＋0.4＋3.53＝6.16（亿元）

（4）W公司2×19年所争取的各项措施评价：

① 大幅度提高现金折扣，虽然可以提高公司货款回收速度，但也可能导致企业盈利水平降低甚至使企业陷入亏损。因此公司应当在仔细分析计算后，适当提高现金折扣水平。

② 成立专门机构催款，必须充分考虑成本效益原则，防止得不偿失。

③ 公司选择收账期在1年以内、销售中央空调和手机芯片的应收账款出售给有关银行，提前获得企业周转所需货币资金，应考虑折扣水平的高低；同时注意防范所附追索权带来的风险。

④ 销售等离子电视机的账款，虽可转售银行，但由于必须附追索权，风险仍然无法控制或转移，因此，应尽量避免延长信用期限方式进行销售。

第三节　从审计角度看应收账款

企业的应收账款是在销售交易或提供劳务过程中产生的。企业的销售如果属于赊销，即销售实现时没有立即收取现款，而是获得了要求客户在一定条件下和一定时间内支付货款的权利，就产生了应收账款。因此，应收账款的审计应结合销售交易来进行。

一、应收账款的审计目标

应收账款的审计目标一般包括以下几方面：

1. 确定资产负债表中记录的应收账款是否已存在。

2. 确定所有应当记录的应收账款是否均已记录。

3. 确定记录的应收账款由被审计单位拥有或控制。

4. 确定应收账款是否可回收，坏账准备的计提方法和比例是否恰当，计提是否充分。

5. 确定应收账款及其坏账准备期末余额是否正确。

6. 确定应收账款及其坏账准备是否已按照企业会计准则的规定在财务报表中做出恰当列报。

二、应收账款的实质性程序

（一）取得或编制应收账款明细表

1. 复核加计是否正确，并与总账数和明细账合计数核对是否相符；结合坏账准备科目与报表数核对相符。应当注意，应收账款报表数反映企业因销售商品、提供劳务等应向购货单位收取的各种款项，减去已计提的相应的坏账准备后的净额。因此，其报表数应同应收账款总账数和明细账数分别减去与应收账款相应的坏账准备总账数和明细账数后的余额核对相符。

2. 检查非记账本位币应收账款的折算汇率及折算是否正确。对于用非记账本位币（通常为外币）结算的应收账款，注册会计师应检查被审计单位外币应收账款的增减变动是否采用交易发生日的即期汇率将外币金额折算为记账本位币金额，或者采用按照系统合理的方法确定的、与交易发生日即期汇率近似的汇率折算，选择采用汇率的方法前后各期是否一致；期末外币应收账款余额是否采用期末即期汇率折合为记账本位币金额；折算差额的会计处理是否正确。

3. 分析有贷方余额的项目。查明原因，必要时，建议做成分类调整。

4. 结合预收款项等往来项目的明细余额。查明有无同挂的项目或与销售无关的其他款项，如有，应做出记录，必要时提出调整建议。

5. 标识重要的欠款单位，计算其欠款合计数占应收账款余额的比例。

（二）检查涉及应收账款的相关财务指标

1. 复核应收账款借方累计发生额与主营业务收入是否配比，并将当期应收账款借方发生额占销售收入净额的百分比与管理层考核指标比较，如存在差异应查明原因。

2. 计算应收账款周转率、应收账款周转天数等指标，并与被审计单位以前年度指标、同行业同期相关指标对比分析，检查是否存在重大异常。

（三）检查应收账款账龄分析是否正确

1. 取得或编制应收账款账龄分析表。注册会计师可以通过取得或编制应收账款账龄分析表来分析应收账款的账龄，以便了解应收账款的可收回性。应收账款账龄分析表参考格式如表2－8所示。

表2－8　应收账款账龄分析表

年　月　日　　　　　　　　货币单位：

顾客名称	期末余额	账龄			
		1年以内	1～2年	2～3年	3年以上
合计					

应收账款的账龄，是指资产负债表中的应收账款从销售实现、产生应收账款之日起，至资产负债表日止所经历的时间。编制应收账款账龄分析表时，可以考虑选择重要的顾客及其余额列示，而将不重要的或余额较小的汇总列示。应收账款账龄分析表的合计数减去已计提的相应坏账准备后的净额，应该等于资产负债表中的应收账款项目余额。

2. 如果应收账款账龄分析表由被审计单位编制，测试计算的准确性。

3. 将应收账款账龄分析表中的合计与应收账款总分类账余额相比较，并调查重大调节项目。

4. 检查原始凭证，如销售发票、运输记录等，测试账龄核算的准确性。

5. 请被审计单位协助，在应收账款明细表上标出至审计时已收回的应收账款金额，对已收回金额较大的款项进行常规检查，如核对收款凭证、银行对账单、销货发票等，并注意凭证发生日期的合理性，分析收款时间是否与合同相关要素一致。

（四）向债务人函证应收账款

函证是指注册会计师为了获取影响财务报表或相关披露认定的项目的信息，通过直接来自第三方对有关信息和现存状况的声明获取和评价审计证据的过程。函证应收账款的目的在于证实应收账款账户余额的真实性、正确性，防止或发现被审计单位及其有关人员在销售交易中发生的错误或舞弊行为。通过函证应收账款，可以比较有效地证明被询证者（即债务人）的存在和被审计单位记录的可靠性。

注册会计师应当考虑被审计单位的经营环境、内部控制的有效性、应收账款账户的性质、被询证者处理询证函的习惯做法及回函的可能性等，以确定应收账款函证的范围、对象、方式和时间。

1. 函证的范围和对象

除非有充分证据表明应收账款对被审计单位财务报表而言是不重要的，或者函证很可能是无效的，否则，注册会计师应当对应收账款进行函证。如果注册会计师不对应收账款进行函证，应当在工作底稿中说明理由。如果认为函证很可能是无效的，注册会计师应当实施替代审计程序，获取充分、适当的审计证据。函证数量的多少、范围是由诸多因素决定的，主要有以下几方面。

（1）应收账款在全部资产中的重要性。若应收账款在全部资产中所占的比重较大。则函证的范围应相应大一些。

（2）被审计单位内部控制的强弱。若内部控制制度较健全，则可以相应减少函证范围；反之，则应相应扩大函证范围。

（3）以前期间的函证结果。若以前期间函证中发现过重大差异，或欠款纠纷较多，则函证范围应相应扩大一些。

（4）函证方式的选择。若采用积极的函证方式，则可以相应减少函证量；若采用消极的函证方式，则要相应增加函证量。

一般情况下，注册会计师应选择以下项目作为函证对象：大额或账龄较长的项目；与债务人发生纠纷的项目；关联方项目；主要客户（包括关系密切的客户）项目；交易频繁但期末余额较小甚至余额为零的项目；可能产生重大错报或舞弊的非正常的项目。

2. 函证的方式

函证方式分为积极的函证方式和消极的函证方式。注册会计师可采用积极的或消极的函证方式实施函证，也可将两种方式结合使用。

（1）积极的函证方式。如果采用积极的函证方式，注册会计师应当要求被询证者在所有情况下必须回函，确认询证函所列示信息是否正确，或填列询证函要求的信息。

积极的函证方式又分为两种：一种是在询证函中列明拟函证的账户余额或其他信息，要求被询证者确认所函证的款项是否正确。通常认为，对这种询证函的回复能够提供可靠的审计证据。但是，其缺点是被询证者可能对所列示信息根本不加以验证就予以回函确认。为了避免这种风险，注册会计师可以采用另外一种询证函，即在询证函中不列明账户余额或其他信息。而要求被询证者填写有关信息或提供进一步信息。由于这种询证函要求被询证者做出更多的努力，可能会导致回函率降低，进而导致注册会计师执行更多的替代程序。

在采用积极的函证方式时，只有注册会计师收到回函，才能为财务报表认定提供审计证据。注册会计师没有收到回函，可能是由于被询证者根本不存在，或是由于被询证者没有收到询证函，也可能是由于询证者没有理会询证函，因此，无法证明所函证信息是否正确。

以下系《〈中国注册会计师审计准则第1312号——函证〉指南》提供的两种积极式询证函的格式，供参考。

积极式询证函（格式一）

企业询证函

编号：

××（公司）：

本公司聘请的××会计师事务所正在对本公司××××年度财务报表进行审计，按照中国注册会计师审计准则的要求，应当询证本公司与贵公司的往来账项等事项。下列数据出自本公司账簿记录，如与贵公司记录相符，请在本函下端“信息证明无误”处签章证明；如有不符，请在“信息不符”处列明不符金额。回函请直接寄至××会计师事务所。

回函地址：

邮编：　　　　电话：　　　　传真：　　　　联系人：

1. 本公司与贵公司的往来账项列示如下：

单位：元

截止日期	贵公司欠	欠贵公司	备注

2. 其他事项。

本函仅为复核账目之用，并非催款结算。若款项在上述日期之后已经付清，仍请及时函复为盼。

（公司盖章）

年　月　日

结论：1. 信息证明无误。

（公司盖章）

年　月　日

经办人：

2. 信息不符，请列明不符的详细情况：

（公司盖章）

年　月　日

经办人：

积极式询证函（格式二）
企业询证函

编号：

××（公司）：

本公司聘请的××会计师事务所正在对本公司××××年度财务报表进行审计，按照中国注册会计师审计准则的要求，应当询证本公司与贵公司的往来账项等事项。请列示截至××××年×月×日贵公司与本公司往来款项余额。回函请直接寄至××会计师事务所。

回函地址：

邮编：　　　　电话：　　　　传真：　　　　联系人：

本函仅为复核账目之用，并非催款结算。若款项在上述日期之后已经付清，仍请及时函复为盼。

（公司盖章）

年　月　日

1. 贵公司与本公司的往来账项列示如下：

单位：元

截止日期	贵公司欠	欠贵公司	备注

2. 其他事项。

（公司盖章）

年　月　日

经办人：

（2）消极的函证方式。如果采用消极的函证方式，注册会计师只要求被询证者仅在不同意询证函列示信息的情况下才予以回函。

在采用消极的函证方式时，如果收到回函，能够为财务报表认定提供说服力强的审计证据。未收到回函可能是因为被询证者已收到询证函且核对无误，也可能是因为被询证者根本就没有收到询证函。因此，积极的函证方式通常比消极的函证方式提供的审计证据可靠。因而在采用消极的方式函证时，注册会计师通常还需辅之以其他审计程序。

当同时存在下列情况时，注册会计师可考虑采用消极的函证方式：①重大错报风险评估为低水平；②涉及大量余额较小的账户；③预期不存在大量的错误；④没有理由相信被询证者不认真对待函证。

在审计实务中，注册会计师也可将这两种方式结合使用。当应收账款的余额是由少量的大额应收账款和大量的小额应收账款构成时，注册会计师可以对所有的或抽取的大额应收账款样本采用积极的函证方式，而对抽取的小额应收账款样本采用消极的函证方式。

以下系《〈中国注册会计师审计准则第1312号——函证〉指南》提供的消极式询证函的格式，供参考。

消极式询证函
企业询证函

编号：

××（公司）：

本公司聘请的××会计师事务所正在对本公司××××年度财务报表进行审计，按照中国注册会计师审计准则的要求，应当询证本公司与贵公司的往来账项等事项。下列数据出自本公司账簿记录，如与贵公司记录相符，则无需回复；如有不符，请直接通知会计师事务所，并请在空白出列明贵公司认为是正确的信息。回函请直接寄至××会计师事务所。

回函地址：

邮编：　　　　电话：　　　　传真：　　　　联系人：

1. 本公司与贵公司的往来账项列示如下：

单位：元

截止日期	贵公司欠	欠贵公司	备注

2. 其他事项。

本函仅为复核账目之用，并非催款结算。若款项在上述日期之后已经付清，仍请及时核对为盼。

（公司盖章）

年　月　日

××会计师事务所：

上面的信息不正确，差异如下：

（公司盖章）

年　月　日

经办人：

3. 函证时间的选择。

为了充分发挥函证的作用，应恰当选择函证的实施时间。注册会计师通常以资产负债表日为截止日，在资产负债表日后适当时间内实施函证。如果重大错报风险评估为低水平，注册会计师可选择资产负债表日前适当日期为截止日实施函证，并对所函证项目自该截止日起至资产负债表日止发生的变动实施实质性程序。

4. 函证的控制。

注册会计师通常利用被审计单位提供的应收账款明细账户名称及客户地址等资料据以编制询证函，但注册会计师应当对选择被询证者、设计询证函以及发出和收回询证函保持控制。出于掩盖舞弊的目的，被审计单位可能想方设法拦截或更改询证函及回函的内容。如果注册会计师对函证程序控制不严密，就可能给被审计单位造成可乘之机，导致函证结果发生偏差和函证程序失效。

注册会计师应当采取下列措施对函证实施过程进行控制：

（1）将被询证者的名称、地址与被审计单位有关记录核对。

（2）将询证函中列示的账户余额或其他信息与被审计单位有关资料核对。

（3）在询证函中指明直接向接受审计业务委托的会计师事务所回函。

（4）询证函经被审计单位盖章后，由注册会计师直接发出。

（5）将发出询证函的情况形成审计工作记录。

（6）将收到的回函形成审计工作记录，并汇总统计函证结果。

在审计实务中，注册会计师经常会遇到被询证者以传真、电子邮件等方式回函的情况。这些方式确实能使注册会计师及时得到回函信息，但由于这些方式易被截留、篡改或难以确定回函者的真实身份，因此，注册会计师应当直接接收，并要求被询证者及时寄回询证函原件。

在审计实务中，注册会计师还经常会遇到采用积极的函证方式实施函证而未能收到回函的情况。对此，注册会计师应当考虑与被询证者的联系，要求对方做出回应或再次寄发询证函。如果未能得到被询证者的回应，注册会计师应当实施替代审计程序。所实施的替代程序因所涉及的账户和认定而异，但替代审计程序应当能够提供实施函证所能够提供的同样效果的审计证据。例如，检查与销售有关的文件，包括销售合同或协议、销售订单、销售发票副本及发运凭证等，以验证这些应收账款的真实性。

注册会计师可通过函证结果汇总表的方式对询证函的收回情况加以控制。

函证结果汇总表如表2－9所示。

表2－9　应收账款函证结果汇总表

被审计单位名称：　　　　　　　　制表：　　　　　　　　日期：

结账日：　年　月　日　　　　　　复核：　　　　　　　　日期：

询证函编号	债务人名称	债务人地址及联系方式	账面金额	函证方式	函证日期		回函日期	替代程序	确认余额	差异金额及说明	备注
					第一次	第二次					

5. 对不符事项的处理。

收回的询证函若有差异，即函证出现了不符事项，注册会计师应当首先提请被审计单位查明原因，并作进一步分析和核实。不符事项的原因可能是由于双方登记入账的时间不同，或是由于一方或双方记账错误，也可能是被审计单位的舞弊行为。对应收账款而言，登记入账的时间不同而产生的不符事项主要表现为：（1）询证函发出时，债务人已经付款，而被审计单位尚未收到货款；（2）询证函发出时，被审计单位的货物已经发出并已作销售记录，但货物仍在途中，债务人尚未收到货物；（3）债务人由于某种原因将货物退回，而被审计单位尚未收到；（4）债务人对收到的货物的数量、质量及价格等方面有异议而全部或部分拒付货款等。

如果不符事项构成错报，注册会计师应当重新考虑所实施审计程序的性质、时间和范围。

6. 对函证结果的总结和评价。

注册会计师应将函证的过程和情况记录在工作底稿中，并据以评价函证的可靠性。在评价函证的可靠性时，注册会计师应当考虑：（1）对询证函的设计、发出及收回的控制情况；（2）被询证者的胜任能力、独立性、授权回函情况、对函证项目的了解及其客观性；（3）被审计单位施加的限制或回函中的限制。

注册会计师对函证结果可进行如下评价：

（1）注册会计师应重新考虑：对内部控制的原有评价是否适当；控制测试的结果是否适当；分析程序的结果是否适当；相关的风险评价是否适当等。

（2）如果函证结果表明没有审计差异，则注册会计师可以合理地推论，全部应收账款总体是正确的。

（3）如果函证结果表明存在审计差异，注册会计师则应当估算应收账款，注册会计师应抽查有关原始凭据，如销售合同、销售订单、销售发票副本及发运凭证等。以验证与其相关的这些应收账款的真实性。

（五）确定已收回的应收账款金额

请被审计单位协助，在应收账款明细表上标出至审计时已收回的应收账款金额，对已收回金额较大的款项进行常规检查，如核对收款凭证、银行对账单、销货发票等，并注意凭证发生日期的合理性，分析收款时间是否与合同相关要素一致。

（六）对未函证应收账款实施替代审计程序

通常，注册会计师不可能对所有应收账款进行函证，因此，对未函证应收账款，注册会计师应抽查有关原始凭据，如销售合同、销售订单、销售发票副本、发运凭证及回款单据等，以验证与其相关的应收账款的真实性。

（七）检查坏账的确认和处理

首先，注册会计师应检查有无债务人破产或者死亡的，以及破产或以遗产清偿后仍无法收回的。或者债务人长期未履行清偿义务的应收账款；其次，应检查被审计单位坏账的处理是否经授权批准，有关会计处理是否正确。

（八）抽查有无不属于结算业务的债权

不属于结算业务的债权，不应在应收账款中进行核算。因此，注册会计师应抽查应收账款明细账，并追查有关原始凭证，查证被审计单位有无不属于结算业务的债权。如有，应作记录或建议被审计单位作适当调整。

（九）检查贴现、质押或出售

检查银行存款和银行贷款等询证函的回函、会议纪要、借款协议和其他文件，确定应收账款是否已被质押或出售，应收账款贴现业务属质押还是出售，其会计处理是否正确。

企业以其按照销售商品、提供劳务的销售合同所产生的应收债权向银行等金融机构贴现，在进行会计核算时，应按照“实质重于形式”的原则，充分考虑交易的经济实质。对于有明确的证据表明有关交易事项满足销售确认条件，如与应收债权有关的风险、报酬实质上已经发生转移等，应按照出售应收债权处理，并确认相关损益。否则，应作为以应收债权为质押取得的借款进行会计处理。

（十）对应收账款实施关联方及其交易审计程序

标明应收关联方［包括持股5%以上（含5%）股东］的款项，实施关联方及其交易审计程序，并注明合并报表时应予抵销的金额；对关联企业、有密切关系的主要客户的交易事项作专门核查：

（1）了解交易事项目的、价格和条件，作比较分析。

（2）检查销售合同、销售发票、货运单证等相关文件资料。

（3）检查收款凭证等货款结算单据。

（4）向关联方、有密切关系的主要客户或其他注册会计师函询，以确认交易的真实性、合理性。

（十一）确定应收账款的列报是否恰当

如果被审计单位为上市公司，则其财务报表附注通常应披露期初、期末余额的账龄分析、期末欠款金额较大的单位账款、以及持有5%以上（含5%）股份的股东单位账款等情况。

应收账款的实质性程序	1. 取得或编制应收账款明细表	复核加计是否正确，并与总账数和明细账合计数核对是否相符；结合坏账准备科目与报表数核对相符
		检查非记账本位币应收账款的折算汇率及折算是否正确
		分析有贷方余额的项目。查明原因，必要时，建议做成分类调整
		结合预收款项等往来项目的明细余额。查明有无同挂的项目或与销售无关的其他款项，如有，应做出记录，必要时提出调整建议
		标识重要的欠款单位，计算其欠款合计数占应收账款余额的比例
	2. 检查涉及应收账款的相关财务指标	复核应收账款借方累计发生额与主营业务收入是否配比，并将当期应收账款借方发生额占销售收入净额的百分比与管理层考核指标比较，如存在差异应查明原因
		计算应收账款周转率、应收账款周转天数等指标，并与被审计单位以前年度指标、同行业同期相关指标对比分析，检查是否存在重大异常
	3. 检查应收账款账龄分析是否正确	取得或编制应收账款账龄分析表
		如果应收账款账龄分析表由被审计单位编制，测试计算的准确性
		将应收账款账龄分析表中的合计与应收账款总分类账余额相比较，并调查重大调节项目
		检查原始凭证，如销售发票、运输记录等，测试账龄核算的准确性
		请被审计单位协助，在应收账款明细表上标出至审计时已收回的应收账款金额，对已收回金额较大的款项进行常规检查
	4. 向债务人函证应收账款	注册会计师应当考虑被审计单位的经营环境、内部控制的有效性、应收账款账户的性质、被询证者处理询证函的习惯做法及回函的可能性等，以确定应收账款函证的范围、对象、方式和时间
	5. 确定已收回的应收账款金额	收回的询证函若有差异，即函证出现了不符事项，注册会计师应当首先提请被审计单位查明原因，并作进一步分析和核实

续上表

应收账款的实质性程序	6. 对未函证应收账款实施替代审计程序	对未函证应收账款，注册会计师应抽查有关原始凭据，如销售合同、销售订单、销售发票副本、发运凭证及回款单据等，以验证与其相关的应收账款的真实性
	7. 检查坏账的确认和处理	注册会计师应检查有无债务人破产或者死亡的，以及破产或以遗产清偿后仍无法收回的。或者债务人长期未履行清偿义务的应收账款
		检查被审计单位坏账的处理是否经授权批准，有关会计处理是否正确
	8. 抽查有无不属于结算业务的债权	注册会计师应抽查应收账款明细账，并追查有关原始凭证，查证被审计单位有无不属于结算业务的债权。如有，应作记录或建议被审计单位作适当调整
	9. 检查贴现、质押或出售	检查银行存款和银行贷款等询证函的回函、会议纪要、借款协议和其他文件，确定应收账款是否已被质押或出售，应收账款贴现业务属质押还是出售，其会计处理是否正确
	10. 对应收账款实施关联方及其交易审计程序	了解交易事项目的、价格和条件，作比较分析
		检查销售合同、销售发票、货运单证等相关文件资料
		检查收款凭证等货款结算单据
		向关联方、有密切关系的主要客户或其他注册会计师函询，以确认交易的真实性、合理性
	11. 确定应收账款的列报是否恰当	如果被审计单位为上市公司，则其财务报表附注通常应披露期初、期末余额的账龄分析，期末欠款金额较大的单位账款，以及持有5%以上（含5%）股份的股东单位账款等情况

三、应收账款违规操作的检查思路及方法

1. 应收账款入账金额不实

具体表现为：不采用总价法，而按净价法入账以达到推迟纳税的目的。

具体的查账方法为：

抽查有现金折扣的销售业务，审核其凭证，复算应收账款明细账，审查其入账价值是否正确。

2. 通过“应收账款”账户虚列收入

具体表现为：本是现销业务却反映为“应收账款”，将收到的货币资金挪用或贪污；应收账款入账时间集中，一般发生在年末，金额过大且一般为整数，目的在于虚增利润，以达到粉饰经营业绩的目的。

具体的查账方法为：

（1）抽查“应收账款”明细账，向债务人发函，求证所欠货款是否属实，如存在问题，应扩大检查范围或采用详查法进行函证。

（2）检查相关的“产品销售收入”的会计凭证是否附有原始凭证，是否有要素不全、摘要含糊，次年初又有冲转收入和利润的情况。

3. 债务重组中的错弊

具体表现为：债务重组时虚增“营业外支出”进而少交税；虚假的债务重组以贪污欠款。

具体的查账方法为：

（1）重点检查是否有虚增“营业外支出”的情况，以达到隐瞒利润，少交所得税的目的。

（2）了解债务人的财务状况以及双方债务重组的协议，检查其债务重组是否合理，有无利用债务重组进行舞弊的行为。

四、应收账款违规操作的参考案例

【参考案例一】 捏造应收账款

1. 疑点

查账人员对某公司2×19年12月份应收账款记账凭证审核时，发现73号转账凭证的会计分录为：

借：应收账款	113 000	
贷：主营业务收入		100 000
应交税费——应交增值税（销项税额）		13 000

此转账凭证没有附任何原始凭证。据了解该公司近两年准备上市，而上市公司须连续3年盈利才能具备上市条件。但公司在前9个月销售盈利状况都不好，查账人员怀疑有虚增利润的可能。

2. 查证

重点调查10～12月有关销售的记账凭证，结果发现有关的凭证数张，合计销售金额720 000元，应收账款金额813 600元，财务负责人不得不承认虚列收入、虚增利润的事实。

3. 问题

此公司为了达到上市的目的，捏造应收账款，虚增利润。

4. 调账

由于是年终结账前发现的，应作以下调账分录：

借：主营业务收入	720 000	
应交税费——应交增值税（销项税额）	93 600	
贷：应收账款		813 600

【参考案例二】 截留重组收入，私存小金库

1. 疑点

查账人员在审查2×19年10月“营业外支出”账户时，发现有一笔重组损失100万元，10月23日76号凭证摘要为“债务重组损失”100万元，会计分录为：

借：银行存款	1 700 000	
坏账准备	300 000	
营业外支出——重组损失	1 000 000	
贷：应收账款——乙公司		3 000 000

查阅原始凭证有一张债务重组协议，由于乙公司发生财务困难，将欠款减为170万元，以现金资产偿还，另附一张银行对账单回单，但这两张原始凭证上的170万元均有涂改迹象。

2. 查证

与乙公司联系，乙公司确认是发生了债务重组，但偿还金额为180万元，又与银行对账单核对，入账的金额为180万元而非170万元，原始凭证均被有关人员涂改。调查财务负责人，承认由于厂领导指使将重组中部分偿还款隐匿存入小金库，同时加大营业外支出，少交所得税。

3. 问题

截留重组收入，私存小金库 10 万元。

4. 调账

由于在 12 月年终决算前查清，作以下调账分录：

借：银行存款　　100 000

　　贷：营业外支出——重组损失　　100 000

【参考案例三】　虚构债务重组，偷逃税收

1. 疑点

查账人员在审查某企业 2×18 年 11 月“营业外支出”账户时，发现有一笔重组损失 40 万元，调阅凭证：

借：营业外支出——重组损失　　400 000

　　贷：应收账款——甲公司　　400 000

该公司未提坏账准备，所附原始凭证为一张债务重组协议，协议注明甲公司所欠债务减少 40 万元。查账人员怀疑其为虚构债务重组。

2. 查证

查账人员到甲公司调查了解，甲公司虽然发生财务困难但并未进行债务重组。显然，被查企业利用虚假债务重组，虚增营业外支出，偷漏所得税，并且为日后收回所欠货款时挪用或贪污创造了机会。

3. 问题

虚构债务重组，使利润减少 40 万元从而偷逃税收。

4. 调账

如在年底决算前查清，其调整分录为：

借：应收账款——甲公司　　400 000

　　贷：营业外支出——重组损失　　400 000

如在次年发现并查清，假设所得税税率 30%，盈余公积计提 10%，净利润 50% 向投资者分配。应作调整分录：

借：应收账款——甲公司　　400 000

　　贷：以前年度损益调整　　400 000

借：以前年度损益调整　　120 000
　　贷：应交税费——应交所得税　　120 000
借：以前年度损益调整　　280 000
　　贷：利润分配——未分配利润　　280 000
借：利润分配——未分配利润　　28 000
　　贷：盈余公积　　28 000
借：利润分配——未分配利润　　140 000
　　贷：应付利润　　140 000

第四节　应收账款指标详细介绍

在财务管理中，我们会涉及到很多比率的计算，其中营运能力比率是一个很重要的比率，是衡量企业资产管理效率的财务比率。常见的有：应收账款周转率、存货周转率、流动资产周转率、营运资本周转率、非流动资产周转率和总资产周转率等。本书是讲往来款项，所以我们详细介绍一下应收账款的一些指标。

一、应收账款周转率

公司的应收账款在流动资产中具有举足轻重的地位，公司的应收账款如能及时收回，公司的资金使用效率便能大幅提高。应收账款周转率就是反映公司应收账款周转速度的比率。它说明一定期间内公司应收款转为现金的平均次数。用时间表示的应收账款周转速度为应收账款周转天数，也称平均应收账款回收期或平均收现期。它表示公司从获得应收账款的权利到收回款项、变成现金所需要的时间。

1. 公式

应收账款周转率是销售收入与应收账款的比率。它有三种表示形式：应收账款周转次数、应收账款周转天数和应收账款与收入比。应收账款周转率公式有理论和运用之分。

（1）理论公式：

应收账款周转率＝赊销收入净额÷应收账款平均余额＝（当期销售净收

入 - 当期现销收入）÷［（期初应收账款余额 + 期末应收账款余额）÷2］

应收账款周转天数 = 365 ÷ 应收账款周转率

（2）运用公式：

应收账款周转率 = 当期销售净收入 ÷［（期初应收账款余额 + 期末应收账款余额）÷2］

应收账款周转天数 = 360 ÷ 应收账款周转率

两者的区别仅在于销售收入是否包括现销收入。我们可以把现销业务理解为赊销的同时收回货款，这样，销售收入包括现销收入的理论公式，同样符合应收账款周转率指标的含义。

销售净收入 = 销售收入 - 销售退回赊销收入净额

= 销售收入 - 销售退回 - 现销收入

应收账款与收入比 = 应收账款 ÷ 销售收入

应收账款周转次数又叫应收账款周转率，应收账款周转次数，表明 1 年中应收账款周转的次数，或者说明每 1 元应收账款投资支持的销售收入。应收账款周转天数，也称为应收账款收现期，表明从销售开始到收回现金平均需要的天数。应收账款与收入比，则表明每 1 元销售收入需要的应收账款投资。

2. 在计算和使用应收账款周转率时应注意的问题

（1）销售收入的赊销比例问题。从理论上讲，应收账款是赊销引起的，其对应的流量是赊销额，而非全部销售收入。因此，计算时应使用赊销额而非销售收入。但是，外部分析人员无法取得赊销数据，只好直接使用销售收入进行计算。实际上相当于假设现销是收现时间等于零的应收账款。只要现销与赊销的比例保持稳定，不妨碍与上期数据的可比性，只是一贯高估了周转次数。但问题是与其他企业比较时，不知道可比企业的赊销比例，也就无从知道应收账款周转率是否可比。

（2）应收账款年末余额的可靠性问题。应收账款是特定时点的存量，容易受季节性、偶然性和人为因素影响。在用应收账款周转率进行业绩评价时，可以使用年初和年末的平均数，或者使用多个时点的平均数，以减少这些因素的影响。

（3）应收账款的减值准备问题。财务报表上列示的应收账款是已经计提坏账准备后的净额，而销售收入并未相应减少。其结果是，计提的坏账准备越多，应收账款周转次数越多、天数越少。这种周转次数增加、天数减少不是业绩改善的结果，反而说明应收账款管理欠佳。如果坏账准备的金额较大，就应进行调整，使用未计提坏账准备的应收账款进行计算。报表附注中披露的应收账款坏账准备信息，可作为调整的依据。

（4）应收票据是否计入应收账款周转率。大部分应收票据是销售形成的，是应收账款的另一种形式，应将其纳入应收账款周转率的计算，称为“应收账款及应收票据周转率”。

（5）应收账款周转天数是否越少越好。应收账款是赊销引起的，如果赊销有可能比现销更有利，周转天数就不是越少越好。收现时间的长短与企业的信用政策有关。例如，甲企业的应收账款周转天数是 18 天，信用期是 20 天；乙企业的应收账款周转天数是 15 天，信用期是 10 天。前者的收款业绩优于后者，尽管其周转天数较多。改变信用政策，通常会引起企业应收账款周转天数的变化。信用政策的评价涉及多种因素，不能仅仅考虑周转天数的缩短。

（6）应收账款分析应与销售额分析、现金分析相联系。应收账款的起点是销售，终点是现金。正常情况是销售增加引起应收账款增加，现金存量和经营活动现金流量也会随之增加。如果一个企业应收账款日益增加，而销售和现金日益减少，则可能是销售出了比较严重的问题，以致放宽信用政策，甚至随意发货，但现金却收不回来。

二、应收账款回款率

公式：应收账款回款率 =（期初应收账款余额 + 本期应收账款发生额 − 期末应收账款余额）/（期初应收账款余额 + 本期应收账款发生额）

三、应收账款占营业收入之比

公式：应收账款占营业收入之比 = 应收账款总额/营业收入

总之，应当深入应收账款内部进行分析，并且要注意应收账款与其他问题的联系，才能正确评价应收账款周转率。

第五节　应收账款管理实务

一、应收账款管理流程

1. 流程图

2. 流程说明

（1）适用于企业应收账款管理（采购退货收款、委外加工退货收款参照执行。）

（2）会计参与销售合同文本会签。

（3）销售合同签订后，营销部依据合同约定办理发货，制作“发货通知单”，会计在“发货通知单”上签字确认后，交给产成品（或库存商品）仓库办理出库。

（4）会计在审核“发货通知单”时，登记销售管理台账备案。

（5）审核无误后，仓库经办人开具“出库单”，仓库负责人审核确认，营销部经办人在“出库单”上签收后，仓库经办人将“出库单”中的一联交给营销部备查，一联交给会计审核入账。

（6）会计审核出库单，经审核无误后，制作记账凭证入账核算，并在销售管理台账上作记录。

（7）赊销期届满，会计提醒营销部经办人及时收款；在货款过期未收回时，会计及时向财务负责人反映情况，并和营销部经办人联合催账；在必要时，会计协助企业法律事务人员诉讼索债。在收回合同款时，会计依法审核并制作凭证入账。

（8）会计和营销部经办人定期对账，发现不一致时，及时查明情况，并作出处理。

二、应收账款挂账管理

应收账款挂账主要包括：销售商品或提供劳务未及时收款、采购或委外加工退货、票据未获承兑或未获付款、收回已核销的坏账等。

1. 单证审核，制作记账凭证

（1）销售商品或提供劳务未及时收款。

单证审核：对于销售商品，会计通常结合销售合同，审核“出库单”的出库数量、单价和金额，确认入账金额的正确性；审核“出库单”的签字，确认发货的合法合规和真实性；审核合同的结算方式和“销售收款联系单”，确认入账依据。

对于提供劳务，会计通常结合有关合同，审核企业内部“销售收款联系单”和有关结算单证，确认入账依据、金额和入账的合法合规性、真实性和时效性。

制作记账凭证：对于销售商品、提供加工或修理修配劳务，会计在记账凭证上“借记“应收账款——××单位（或个人）”，贷记“主营业务收入”，贷记“应交税费——应交增值税（销项税额）”，金额都以“蓝”字入账。

对于提供其他劳务，会计在记账凭证上借记“应收账款——××单位（或个人）”，贷记“主营业务收入”，金额都以“蓝”字入账。

（2）采购或委外加工退货。

单证审核：会计通常结合采购合同，审核“退货通知单”，确认退货的真实性和金额正确性；结合“退货通知单”审核“出库单”，确认退货商品的数量、价格和金额；审核“退货通知单”和“出库单”上的签字，确认入账依据和合法合规性。

制作记账凭证：在采购货款已经支付的情况下，会计在记账凭证上借记“应收账款——××单位（或个人）”，金额以“蓝”字入账；借记“原材料——××材料”，金额以“红”字入账，同时，借记“应交税费——应交增值税（进项税额）”，金额以“红”字入账。

（3）票据未获承兑或未获付款。

单证审核：企业收进的银行承兑汇票未获承兑，或者收进的商业承兑汇票未获承兑或到期未获付款，会计通常依法及时将汇票的面值和利息（如果是计息汇票）合计金额转入应收账款核算。会计核算时通常审核拒绝承兑理由书或拒绝付款证明单，确认入账依据、真实性和合法合规性等。

此外，在实务中，有些企业开支票时，出票日期推后。例如，在2018

年 5 月 20 日开出 2018 年 6 月 20 日的支票，以获得商业性融资，支票在付款期内持票企业未获付款时，会计也应及时转入应收账款核算。会计核算时通常审核开户行的退票通知，确认入账依据、真实性和合法合规性等。

制作记账凭证：会计在记账凭证上借记“应收账款——××单位（或个人）”，贷记“应收票据——××单位——××票据”，贷记“财务费用——票据利息”，金额都以“蓝”字入账。

（4）收回已核销的坏账。

单证审核：会计结合有关合同，审核“销售收款联系单”和开户行收款通知、票据或现金，确认入账依据、金额和合法合规性等。

制作记账凭证：对于采用“直接转销法”核算的企业，会计冲回确认坏账时的凭证，即借记“管理费用”，贷记“坏账损失”，同时，借记“坏账损失”，贷记“应收账款——××单位（或个人）”，金额都以“红”字入账。

收回的款项入账时，会计借记“银行存款——××行账户”或“现金”等相关科目，贷记“应收账款——××单位（或个人）”，金额都以“蓝”字入账。记账凭证交出纳办理收款。

2. 应收账款挂账实例

（1）赊销期内挂账。

实例：2018 年 5 月 3 日，北京红叶文化公司销售文学名著 A 图书 2 500 册给河北 PC 书店，销售价格 32 元/册，货款金额 80 000 元，增值税率为 17%，BJ2001—XS026 合同规定的现金折扣条件为 3/10，n/30，采用总价法进行核算。A 图书进价 24 元/册。仓库管理员送来“出库单”。

账务处理：会计结合销售合同审核“出库单”，无误后，进行下列账务处理：

制作记账凭证时，在“摘要”栏填写“BJ2001—XS026 河北 PC 书店欠书款”，在“科目”和“金额”栏分别按总账科目和明细科目、借方和贷方填写分录，即借记“应收账款——河北 PC 书店 93 600”，贷记“主营业务收入 80 000”，贷记“应交税费——应交增值税（销项税）13 600”，同时结转销售成本，借记“主营业务成本 60 000”，贷记“库存商品——A 图书 60 000”，将“出库单”作为原始凭证贴在记账凭证后面入账，销售合同按公司管理规定存档备查。

在登记账簿时，如果河北 PC 书店是新户，在账面没有核算账户，往来账会计在应收账款账簿单设账页，建立“河北 PC 书店”账户，并将上述业务及金额过入账簿核算。

（2）采购退货应收款。

实例：北京红叶文化公司 2018 年 4 月 3 日，从河北 AB 公司现款购入表演时装 200 套，BJ2001—CG02 合同约定单价 800 元/套，金额 160 000 元，时装到达后，经质检员检验，其中 30 套不合格，北京红叶文化公司和河北 AB 公司商定，不合格品作退货处理。采购员送来“退货通知单”，仓库管理员送来“出库单”。

账务处理：会计结合 BJ2001—CG002 合同审核“出库单”和“退货通知单”，审核无误后，进行下列账务处理：

制作记账凭证时，在“摘要”栏填写“BJ2001—CG002 河北 AB 公司欠退时装款”，在“科目”和“金额”栏分别按总账科目和明细科目、借方和贷方填写分录，即借记“应收账款——河北 AB 公司 28 080”，借记“库存商品——时装 -24 000”，借记“应交税费——应交增值税（进项税额）-4 080”，将“出库单”和“退货通知单”作为原始凭证贴在记账凭证后面入账，采购合同按公司管理规定存档备查。

在登记账簿时，如果河北 AB 公司是老客户，以前在账面已有核算账户，往来账会计将上述业务及金额过入应收账款账簿“河北 AB 公司”账户核算。

（3）商业承兑汇票到期未获付款。

实例：2018 年 2 月 8 日，北京红叶文化公司销售史学著作 B 图书 2 500册给河南 DS 书店，销售合同号 BJ2001—XS015，销售价格 32 元/册，货款金额 80 000 元，增值税率为 17%，收到期限为 3 个月，利率为 8% 的商业承兑汇票 1 张，2018 年 5 月 10 日河南 DS 书店开户行账户存款不足 1 万元，商业承兑汇票未获付款。北京红叶文化公司开户行送来退票通知。

账务处理：会计结合 BJ2001—XS015 合同审核退票通知，审核无误后，进行下列账务处理：

制作记账凭证时，在“摘要”栏填写“BJ2001—XS015 河南 DS 书店欠书款”，在“科目”和“金额”栏分别按总账科目和明细科目、借方和贷方填写分录，即借记“应收账款——河南 DS 书店 95 472”，贷记“应收票据——河南 DS 书店——商业承兑汇票 93 600”，贷记“财务费用 1872”，将开户行退票通知作为原始凭证贴在记账凭证后面入账，销售合同按公司管理规定存档备查。会计通知经办销售员催款。

在登记账簿时，如果河南 DS 书店在账面没有核算账户，往来账会计在应收账款账簿单设账页，建立新户“河南 DS 书店”，并将上述业务及金额过入账簿核算。

三、应收账款销账管理

应收账款销账主要包括收回合同款、坏账损失、债务重组等。

1. 单证审核，制作记账凭证

（1）收回合同款。

单证审核：企业收回往来款时，会计根据收款方式审核入账。当企业以现金收款时，会计审核“销售收款联系单”和现金实物入账，由出纳具体清点金额。

收进汇票（或本票）时，会计结合“销售收款联系单”审核汇票的收款人或被背书人是否是本单位，背书的连续性，确认票据出票和背书的合法合规性；审核出票日期，确认汇票（或本票）的时效性；审核汇票的大小写金额是否一致，确认正确性；对于区域性银行的票据，审核出票行系统的业务区域，确认票据结算的有效性和合法合规性；审核出纳填写的背书文字、实际结算金额和“进账单”，确认正确性。

收进信汇收款通知单或电汇收款通知单时，会计结合“销售收款联系单”审核开户行提交的信汇或电汇收款通知单，确认入账依据和金额。

制作记账凭证：当企业以现金收款时，会计在记账凭证上借记“现金”，贷记“应收账款——××单位（或个人）”，金额都以“蓝”字入账。记账凭证交出纳办理收款。

收进银行汇票（或本票）送存银行时，会计在记账凭证上借记“银行存款——××行账户”，贷记“应收账款——××单位”，金额都以“蓝”字入账。记账凭证交出纳办理收款。

收进银行汇票（或本票）不送存银行，而是直接背书转让其他单位用于结算款项时，会计在记账凭证上借记“应付账款——××单位”或相关科目，贷记“应收账款——××单位”，金额都以“蓝”字入账。记账凭证交出纳办理付款。

收进银行承兑汇票、商业承兑汇票或远期支票时，会计在记账凭证上借记“应收票据——××单位——××票据”，贷记“应收账款——××单位”，金额都以“蓝”字入账。记账凭证交出纳办理收款。

收进信汇收款通知单或电汇收款通知单时，会计在记账凭证上借记“银行存款——××行账户”，贷记“应收账款——××单位”，金额都以“蓝”字入账。记账凭证交出纳办理收款。

（2）坏账损失。

单证审核：会计审核债权灭失凭证和企业领导的审批情况，确认入账依据。对于具有法人资格的企业破产，审核法院出具的破产文件；对于非法人企业的股东死亡或失踪，审核公安机关出具的证明；对于自然人死亡或失踪，审核公安机关出具的证明。

制作记账凭证：审核无误后，对于采用“直接转销法”核算的企业，会计在记账凭证上借记“坏账损失”，贷记“应收账款——××单位（或个人）”，同时借记“管理费用”，贷记“坏账损失”，金额都以“蓝”字入账。

对于采用“备抵法”核算的企业，会计在记账凭证上借记“坏账准备”，贷记“应收账款——××单位（或个人）”，金额都以“蓝”字入账。

（3）债务重组。

单证审核：会计审核债务重组协议和企业收进的抵债物资接收单证。如果是实物资产抵债，会计审核“入库单”；如果债务人用银行存款偿债，会计审核开户行到账通知单或有关票据；如果债务人以其他方式抵债，会计审核其他相关单证。

制作记账凭证：当债务人以存货抵债时，会计按照公允价格，借记“原材料——××材料”或“库存商品——××商品”等相关科目，借记“应交税费——应交增值税（进项税额）”，贷记“应收账款——××单位（或个人）”，同时，对于债务重组损失，会计借记“营业外支出——债务重组损失”，贷记“应收账款——××单位（或个人）”，金额都以“蓝”字入账。

当债务人以固定资产抵债时，会计按照公允价格，借记“固定资产——

××”，贷记“应收账款——××单位（或个人）”，同时，对于债务重组损失，会计借记“营业外支出——债务重组损失”，贷记“应收账款——××单位（或个人）”，金额都以“蓝”字入账。

当债务人用银行存款偿债时，会计借记“银行存款——××行账户”，贷记“应收账款——××单位”，同时，对于债务重组损失，会计借记“营业外支出——债务重组损失”，贷记“应收账款——××单位”，金额都以“蓝”字入账。

2. 应收账款销账实例

（1）收回合同款。

实例：2018 年 5 月 11 日北京红叶文化公司接到开户行工商行柳叶分理处电汇收款通知单 1 张，收到河北 PC 书店 5 月 3 日所欠书款 90 792 元，BJ2001—XS026 合同规定的现金折扣条件为 3/10，n/30，采用总价法进行核算。营销部销售员送来“销售收款联系单”。

账务处理：会计结合 BJ2001—XS026 合同审核“销售收款联系单”，确认无误后，进行下列账务处理：

制作记账凭证时，在“摘要”栏填写“收 BJ2001—XS026 河北 PC 书店书款”，在“科目”和“金额”栏分别按总账科目和明细科目、借方和贷方填写分录，即借记“银行存款——工商行柳叶分理处 90 792”，借记“财务费用 2 808”，贷记“应收账款——河北 PC 书店 93 600”，将“销售收款联系单”和开户行电汇收款通知单作为原始凭证贴在记账凭证后面入账，销售合同按公司管理规定存档备查。

在登记账簿时，往来账会计将上述业务及金额过入应收账款账簿“河北 PC 书店”账户下，核销应收的往来款。

（2）债务重组。

实例：北京都华公司和北京红叶公司均为增值税一般纳税人，都华公司欠北京红叶公司购货款 400 000 元和增值税 68 000 元，短期内无力支付，经协商进行债务重组。都华公司用公允价值为 80 000 元的自产时装和公允价值为 200 000 元、账面原价 250 000 元、累计折旧为 40 000 元的皇冠轿车，及公司 3 年前购买的尚有 8 个月到期的公允价值为 85 000、账面价值为 82 000 元的国库券偿还全部债务。红叶公司按应收账款余额的 5% 计提坏账准备。增值税率为 17%。红叶公司销售合同号为 BJ2001—

XS065。

账务处理：会计结合 BJ2001—XS065 合同和债务重组协议，审核“销售收款联系单”、存货和固定资产“入库单”、国库券，审核无误后，进行下列账务处理：

制作记账凭证时，在“摘要”栏填写“收 BJ2001—XS065 北京都华公司货款”，在“科目”和“金额”栏分别按总账科目和明细科目、借方和贷方填写分录，即借记“库存商品——时装 80 000”，借记“应交税费——应交增值税（进项税额）13 600”，借记“固定资产 25——皇冠轿车 200 000”，借记“短期投资——国库券 85 000”，借记“坏账准备 2 340”，借记“营业外支出——债务重组损失 87 060”，贷记“应收账款——北京都华公司 468 000”，将“销售收款联系单”和“入库单”作为原始凭证贴在记账凭证后面入账，国库券交出纳存现金库，销售合同和债务重组协议按公司管理规定存档备查。

在登记账簿时，往来账会计将上述业务及金额过入应收账款账簿的“北京都华公司”账户下，核销应收的往来款。

四、应收账款账簿管理

1. 建立核算账户

企业销售货物或提供劳务后，对方单位或个人未及时向本单位付款，会计在建账核算时，通常在应收账款科目下设置子科目账户，例如：“应收账款——北京红叶文化公司”，在需要时，会计在子科目下设二级子科目，并单独设账页，用于记录和核算应收回的往来账款。当收回对方单位或个人合同款时，会计在此已设的账户下逐笔核销该收回的往来账款。通常，当年内，在该子科目账户销户前，发生的后续应收账款挂账也在此子科目账户下核算。

2. 过账“摘要”

会计核算也是一种规范业务管理的语言，财务人员的过账“摘要”应该既反映经济业务的内容，同时又能体现既定的管理要求，一般来说，“摘要”中应该注明“所在单位或部门”“经办人名称”“合同号”和特定的经济业务内容，如“北京大方公司 BJ2001—XS052 欠货款”。

此外，出纳过账时要分清币种，分清“借方”和“贷方”，分清“红”

字和“蓝”字。对已经过账的凭证，应该养成作标记的习惯。

3. 核算要求

对于应收账款建账，会计针对每个债务人分设账户，单独设置账页，单独核算。

依据有关规定，应收账款账应该逐页逐行登记账簿，中间不得有空白页或空白行，在每页最后一行打出“过次页”，在次页的第一行打出“承前页”。在每月结账时，打出“月结”和“累积”，计算并记录发生额和余额，在会计年度终结时，还要打出“本年累计”和“结转下年”，将会计年度终结时的余额转入下一核算年度。在次年初，打出“上年结转”，并将上年的余额过入当年。

月末和年终结账时，与总账核对余额和本期发生额，保证账账一致，如果不一致，应及时查找，发现并解决可能存在的问题。

五、应收账款坏账管理

1. 采用“备抵法”核算

企业单设“坏账准备”账，用于核算坏账准备的计提和冲销。通常，坏账准备计提有三种方法，当企业采用应收账款余额百分比法核算时，会计在每个月末按应收账款余额的总金额和既定的百分比计算当期坏账准备余额；当企业采用销货百分比法核算时，会计在每个月末按赊销总金额和既定的百分比计算当期坏账准备余额；当企业采用应收账款余额账龄分析法核算时，会计在每个月末按各个账龄段应收账款余额的合计金额和既定的相应百分比计算汇总当期坏账准备金额，当上期坏账准备账面余额高于会计本期计算的当期坏账准备金额时，会计制作记账凭证冲回高出的金额，即借记“坏账准备”，贷记“管理费用”；当上期坏账准备账面余额低于会计本期计算的当期坏账准备金额时，会计按差额制作记账凭证计提坏账准备，即借记“管理费用”，贷记“坏账准备”。

实例：北京红叶文化公司 2017 年末应收账款余额为 800 000 元，坏账准备计提比率为 4% 。2018 年 1 月份华通公司 4 000 元确认为坏账，该月末应收账款余额为 980 000 元。2 月份海天公司 3 000 元确认为坏账，2017 年已冲销的应收账款中有林泉商贸公司 2 000 元本月又收回，月末应收账款余额为 600 000 元。

账务处理：

2017 年末已计提坏账准备：800 000 × 4‰ = 3 200（元）

2018 年 1 月份：发生坏账时，借记“坏账准备 4 000”，贷记“应收账款——华通公司 4 000”。月末应计提坏账准备：980 000 × 4‰ −（3 200 − 4 000）= 4 720（元）。会计制作记账凭证时，借记“管理费用——坏账准备 4 720”，贷记“坏账准备 4 720”。

2018 年 2 月份：发生坏账时，借记“坏账准备 3 000”，贷记“应收账款——海天公司 3 000”。收回前期已冲销的坏账时，借记“应收账款——林泉公司 2 000”，贷记“坏账准备 2 000”，同时，借记“银行存款——工商行柳叶分理处 2 000”，贷记“应收账款——林泉公司 2 000”。会计月末应计提坏账准备：600 000 × 4‰ −（3 920 − 3 000 + 2 000）= −520（元），制作凭证时，借记“坏账准备 520”，贷记“管理费用——坏账准备 520”。

2. 采用“直接转销法”核算

有些企业应收账款余额较小，不计提坏账准备，当坏账实际发生时，直接转销坏账损失。企业一般单设坏账损失账，用于核算坏账损失的增减。

第三章　应收款项减值

第一节　从会计角度看应收账款减值

企业应当在资产负债表日对应收款项的账面价值进行检查，有客观证据表明该应收款项发生减值的，应当将该应收款项的账面价值减记至预计未来现金流量现值，减记的金额确认减值损失，计提坏账准备。对于不能收回的应收账款应当查明原因追究责任。对确实无法收回的应收账款，按照企业的管理权限，经股东大会或董事会，或经理（厂长）会议或类似机构批准作为坏账损失，冲销提取的坏账准备。

一、应收款项减值损失的确认

企业确认应收款项减值时，应遵循财务报告的目标和会计核算的基本原则，具体分析各种应收款项的特性、金额的大小、信用期限、债务人的信誉和当时的经营情况等因素。一般来讲，企业的应收款项符合下列条件之一的，应确认为应收款项减值。

1. 债务人死亡，以其遗产清偿后仍然无法收回。

2. 债务人破产，以其破产财产清偿后仍然无法收回。

3. 债务人较长时期内未履行其偿债义务，并有足够的证据表明无法收回或收回的可能性极小。

企业应当定期或者至少于每年年度终了，分析各项应收款项的可收回性，预计可能产生的应收款项减值损失。对没有把握能够收回的应收款项，计提应收款项减值准备。

企业坏账准备的计提范围包括应收账款、其他应收款，企业的预付账款如有确凿证据表明其不符合预付账款性质，或者因供货单位破产、撤销等原因已无望再收到所购货物的，应当将原计入预付账款的金额转入其他应收款，并按规定计提坏账准备。企业持有的未到期应收票据，如有确凿证据证明不能够收回或收回的可能性不大时，应将其账面余额转入应收账款，并计提相应的坏账准备。

应当指出，对已确认为坏账的应收账款，并不意味着企业放弃了追索权，一旦重新收回，应及时入账。

在确定坏账准备的计提比例时，企业应根据以往的经验、债务单位的实际财务状况和现金流量等相关信息予以合理估计。除有确凿证据表明该项应收款项不能够收回或收回的可能性不大外（如债务单位已撤销、破产、资不抵债、现金流量严重不足、发生严重的自然灾害等导致停产而在短时间内无法偿付债务等，以及3年以上的应收款项），下列各种情况不能全额提取坏账准备。

（1）当年发生的应收款项。

（2）计划对应收款项进行重组。

（3）与关联方发生的应收款项。

（4）其他已逾期，但无确凿证据表明不能收回的应收款项。

二、应收款项减值损失的估算

企业进行坏账核算时，首先应按期估计坏账损失。估计坏账损失的方法有应收款项余额百分比法、账龄分析法和销货百分比法等。

（一）应收款项余额百分比法

应收款项余额百分比法，是根据会计期末应收款项的余额和估计的坏账率，估计坏账损失，计提坏账准备的方法。按此计算的数额为下年度应保留的坏账准备金额，因此，实际提取数并不一定等于计算出的应提数，提取时需考虑提取前该账户的余额，但年末提取后该账户余额一定在贷方，即计算出的应保留坏账准备金数。

1. 如为借方余额，则表示原先提取的坏账准备金没能足额冲销已发生的坏账，需在提取时补提，实际提取数等于应提取数加上借方余额数。

2. 如为贷方余额，则需区分两种情况。

（1）原贷方余额大于应提数，表示原坏账准备金过多，应冲销多余数。

（2）原贷方余额小于应提数，则应补提不足部分。

【例3-1】 三木制造公司从2×17年开始计提坏账准备。2×17年末应收账款余额为1 200 000元，该企业坏账准备的提取比例为5‰。则计提的坏账准备为：

坏账准备提取额 = 1 200 000 × 5‰ = 6 000（元）

借：资产减值损失 6 000

　　贷：坏账准备 6 000

2×18年11月，企业发现有1 600元的应收账款无法收回，按有关规定确认为坏账损失。

借：坏账准备 1 600

　　贷：应收账款 1 600

2×18年12月31日，该企业应收账款余额为1 440 000元。按本年年末应收账款余额应保持的坏账准备金额（坏账准备的余额）为：

1 440 000 × 5‰ = 7 200（元）

年末计提坏账准备前，“坏账准备”科目的贷方余额为：

6 000 - 1 600 = 4 400（元）

本年度应补提的坏账准备金额为：

7 200 - 4 400 = 2 800（元）

有关账务处理如下：

借：资产减值损失 2 800

　　贷：坏账准备 2 800

2×19年5月20日，接银行通知，企业上年度已冲销的1 600元坏账又收回，款项已存入银行。有关账务处理如下：

借：应收账款 1 600

　　贷：坏账准备 1 600

借：银行存款 1 600

　　贷：应收账款 1 600

2×19年12月31日，企业应收账款余额为1 000 000元。

本年末坏账准备余额应为：

1 000 000 × 5‰ = 5 000（元）

至年末，计提坏账准备前的“坏账准备”科目的贷方余额为：

7 200 + 1 600 = 8 800（元）

本年度应冲销多提的坏账准备金额为：

8 800 − 5 000 = 3 800（元）

有关账务处理如下：

借：坏账准备　　3 800

　　贷：资产减值损失　　3 800

（二）账龄分析法

账龄分析法，是根据应收款项账龄的长短来估计坏账的方法。账龄指的是顾客所欠账款的时间。采用这种方法，企业利用账龄分析表所提供的信息，确定坏账准备金额。确定的方法按各类账龄分别估计其可能成为坏账的部分。

【例3－2】 三木制造公2×19年12月31日应收账款账龄及估计坏账损失如表3－1所示，该企业2×19年12月31日估计的坏账损失为2 400元，所以，“坏账准备”科目的账面余额应为2 400元。

假设在估计坏账损失前，“坏账准备”科目有贷方余额1 000元，则该企业还应计提1 400元（2 400－1 000）。有关账务处理如下：

借：资产减值损失　　1 400

　　贷：坏账准备　　1 400

再假设在估计坏账损失前，“坏账准备”科目有贷方余额2 600元，则该企业应冲减200元（2 600－2 400）。有关账务处理如下：

借：坏账准备　　200

　　贷：资产减值损失　　200

表3-1 账龄分析表

应收账款账龄	应收账款金额	估计损失（%）	估计损失金额
未到期	60 000	0.5	300
过期1个月	40 000	1	400
过期2个月	30 000	2	600
过期3个月	20 000	3	600
过期3个月以上	10 000	5	500
合计	160 000		2 400

（三）销货百分比法

销货百分比法，是以赊销金额的一定百分比作为估计坏账的方法。企业可以根据过去的经验和有关资料，估计坏账损失与赊销金额之间的比率，也可用其他更合理的方法进行估计。估计坏账损失的方法具体见下表。

估计坏账损失的方法	应收款项余额百分比法	是指根据会计期末应收款项的余额和估计的坏账率，估计坏账损失，计提坏账准备的方法
	账龄分析法	是指据应收款项账龄的长短来估计坏账的方法。企业利用账龄分析表所提供的信息，确定坏账准备金额。确定的方法按各类账龄分别估计其可能成为坏账的部分
	销货百分比法	是以赊销金额的一定百分比作为估计坏账的方法。企业根据过去的经验和有关资料，估计坏账损失与赊销金额之间的比率，也可用其他更合理的方法进行估计

三、应收款项减值的会计核算

企业应当设置“坏账准备”科目，核算应收款项的坏账准备计提、转销等情况。企业当期计提的坏账准备应当计入资产减值损失。“坏账准备”科目的贷方登记当期计提的坏账准备金额，借方登记实际发生的坏账损失金额和冲减的坏账准备金额，期末余额一般在贷方，反映企业已计提但尚未转销的坏账准备。

坏账准备可按以下公式计算：

当期应计提的坏账准备 = 当期按应收款项计算应提坏账准备金额（或 +）贷方（或借方）余额 -“坏账准备”科目应提坏账准备金额（或 +）贷方（或借方）余额

企业计提坏账准备时，按应该减记的金额，借记“资产减值损失——计提的坏账准备”科目，贷记“坏账准备”科目。冲减多计提的坏账准备时，借记“坏账准备”科目，贷记“资产减值损失——计提的坏账准备”科目。

企业计提坏账准备时：	冲减多计提的坏账准备时：
借：资产减值损失——计提的坏账准备 　贷：坏账准备	借：坏账准备 　贷：资产减值损失——计提的坏账准备

企业确实无法收回的应收款项按管理权限报经批准后作为坏账转销时，应当冲减已计提的坏账准备。已确认并转销的应收款项以后又收回的，应当按照实际收到的金额增加坏账准备的账面余额。企业发生坏账损失时，借记“坏账准备”科目，贷记“应收账款”“其他应收款”等科目。

已确认并转销的应收款项以后又收回的，应当按照实际收到的金额增加坏账准备的账面余额。已确认并转销的应收款项以后又收回时，借记“应收账款”“其他应收款”等科目，贷记“坏账准备”科目；同时，借记“银行存款”科目，贷记“应收账款”“其他应收款”等科目。也可以按照实际收回的金额，借记“银行存款”科目，贷记“坏账准备”科目。

企业发生坏账损失时：	已确认并转销的应收款项以后又收回时：
借：坏账准备 　贷：应收账款、其他应收款等	借：应收账款、其他应收款等 　贷：坏账准备 同时： 借：银行存款 　贷：应收账款、其他应收款等 也可： 借：银行存款 　贷：坏账准备

【例3-3】 2×17年12月31日，三木制造公司对应收A公司的账款进行减值测试。应收账款余额合计为1 000 000元，三木制造公司根据A公司的资信情况确定按10%计提坏账准备。2×17年年末计提坏账准备的会计分录为：

借：资产减值损失——计提的坏账准备　　100 000

　　贷：坏账准备　　100 000

(1) 三木制造公司2×18年对A公司的应收账款实际发生坏账损失30 000元。确认坏账损失时，应作如下会计处理：

借：坏账准备　　30 000

　　贷：应收账款　　30 000

(2) 三木制造公司2×18年本应收A公司的账款余额为1200 000元，经减值测试，三木制造公司决定仍按10%计提坏账准备。

根据三木制造公司坏账核算方法，其"坏账准备"科目应保持的贷方余额为120 000元（1200 000×10%）；计提坏账准备前，"坏账准备"科目的实际余额为贷方70 000元（100 000－30 000），因此本年末应计提的坏账准备金额为50 000元（120 000－70 000）。三木制造公司应作如下会计处理：

借：资产减值损失——计提的坏账准备　　50 000

　　贷：坏账准备　　50 000

(3) 三木制造公司2×19年4月20日收到2008年已转销的坏账20 000元，已存入银行。三木制造公司应作如下会计处理：

借：应收账款　　20 000

　　贷：坏账准备　　20 000

借：银行存款　　20 000

　　贷：应收账款　　20 000

第二节 从审计角度看应收账款坏账准备

一、坏账准备的实质性程序

企业会计准则规定，企业应当在期末对应收款项进行检查，并预计可能产生的坏账损失。应收款项包括应收票据、应收账款、预付款项、其他应收款和长期应收款等。下面我们以应收账款相关的坏账准备为例，阐述坏账准备审计常用的实质性程序。

1. 取得或编制坏账准备明细表，复核加计正确，与坏账准备总账数、明细账合计数核对相符。

2. 将应收账款坏账准备本期计提数与资产减值损失相应明细项目的发生额核对相符。

3. 检查应收账款坏账准备计提和核销的批准程序，评价坏账准备所依据的资料、假设及计提方法。

企业通常应采用备抵法核算坏账损失，计提坏账损失的具体方法由企业自行确定。企业应当列出目录，具体注明计提坏账准备的范围、提取方法、账龄的划分和提取比例，按照管理权限，经股东大会或董事会，或经理（厂长）会议或类似机构批准，有且按照法律、行政法规的规定报有关各方备案，同时，备置于公司所在地，以供投资者查阅。坏账准备提取方法一经确定，不得随意变更。如需变更，仍然应按上述程序经批准后报有关各方备案，并在财务报表附注中说明变更的内容和理由、变更的影响数等。

用备抵法核算坏账，首先要按期估计坏账损失。估计坏账损失主要有账龄分析法、余额百分比法等方法。采用账龄分析法计提坏账准备时，收到债务单位当期偿还的部分债务后，剩余的应收账款，不应改变其账龄，仍应按原账龄加上本期应增加的账龄确定；在存在多笔应收账款、且各笔应收账款账龄不同的情况下，收到债务单位当期偿还的部分债务，应当逐笔认定收到的是哪一笔应收账款：如果确实无法认定的，按照先发生先收回的原则确定，剩余应收账款的账龄按上述同一原则确定。

在采用账龄分析法、余额百分比法等方法的同时，能否采用个别认定法，应当视具体情况而定。如果某项应收账款的可收回性与其他各项应收账款存在明显的差别（例如，债务单位所处的特定地区等），导致该项应收账款如果按照与其他应收账款同样的方法计提坏账准备，将无法真实地反映其可收回金额的，可对该项应收账款采用个别认定法计提坏账准备。企业应根据所持应收账款的实际可收回情况，合理计提坏账准备，不得多提或少提，否则应视为滥用会计估计，按照重大会计差错更正的方法进行会计处理。

在确定坏账准备的计提比例时，企业应当根据以往的经验、债务单位的实际财务状况和现金流量的情况，以及其他相关信息合理地估计。除有确凿证据表明该项应收账款不能收回，或收回的可能性不大时（如债务单位撤销、破产、资不抵债、现金流量严重不足、发生严重的自然灾害等导致停产而在短时间内无法偿付债务等，以及应收款项逾期 3 年以上）。下列各种情况一般不能全额计提坏账准备。

（1）当年发生的应收账款，以及未到期的应收账款。

（2）计划对应收账款进行重组。

（3）与关联方发生的应收账款。

（4）其他已逾期，但无确凿证据证明不能收回的应收账款。

这并不意味着企业对与关联方之间发生的应收账款可以不计提坏账准备。企业与关联方之间发生的应收账款与其他的应收账款一样，也应当在期末时分析其可收回性，并预计可能发生的坏账损失。对预计可能发生的坏账损失，计提相应的坏账准备。企业与关联方之间发生的应收账款一般不能全额计提坏账准备，但如果有确凿证据表明关联方（债务单位）已撤销、破产、资不抵债、现金流量严重不足等，并且不准备对应收账款进行重组或无其他收回方式的，则对预计无法收回的应收关联方的款项也可以全额计提坏账准备。

4. 实际发生坏账损失的，检查转销依据是否符合有关规定，会计处理是否正确。

对于被审计单位在被审期间内发生的坏账损失，注册会计师应检查其原因是否清楚，是否符合有关规定，有无授权批准，有无已做坏账处理后又重新收回的应收账款，相应的会计处理是否正确。对有确凿证据表明确实无法收回的应收账款，如债务单位已撤销、破产、资不抵债、现金流量严重不足等，企业应根据管理权限，经股东（大）会或董事会，或经理（厂长）办公会或类似机构批准作为坏账损失，冲销提取的坏账准备。

5. 检查长期挂账应收账款。注册会计师应检查应收账款明细账及相关原始凭证，查找有无资产负债表日后仍未收回的长期挂账应收账款，如有，应提请被审计单位作适当处理。

6. 检查函证结果。对债务人回函中反映的例外事项及存在争议的余额，注册会计师应查明原因并做记录。必要时，应建议被审计单位作相应的调整。

7. 实施分析程序。通过计算坏账准备余额占应收账款余额的比例并和以前期间的相关比例比较，评价应收账款坏账准备计提的合理性。

8. 确定应收账款坏账准备的披露是否恰当。企业应当在财务报表附注中清晰地说明坏账的确认标准、坏账准备的计提方法和计提比例。并且，上市公司还应在财务报表附注中分项披露如下事项。

（1）本期全额计提坏账准备，或计提坏账准备的比例较大的（计提比例一般超过40%及以上的，下同），应说明计提的比例以及理由。

（2）以前期间已全额计提坏账准备，或计提坏账准备的比例较大但在本期又全额或部分收回的，或通过重组等其他方式收回的，应说明其原因、原估计计提比例的理由以及原估计计提比例的合理性。

（3）对某些金额较大的应收账款不计提坏账准备或计提坏账准备比例较低（一般为5%或低于5%）的理由。

（4）本期实际冲销的应收账款及其理由，其中，实际冲销的关联交易产生的应收账款应单独披露。

二、坏账准备违规操作的检查思路及方法

（一）坏账损失核算中的错弊

具体表现为：随意变更坏账损失处理方法；直接转销法和备抵法混用；备抵法下，人为扩大计提范围和计提比例，以达到多提坏账准备多列费用偷逃税金的目的；年末或定期调整坏账准备金额时未考虑坏账准备的实有余额；未按坏账确认的标准确认坏账发生，如将预计可收回的应收账款作为坏账处理，将本该确认为坏账的应收账款长期挂账，造成资产不实；收回已转销的坏账时，未增加“坏账准备”，而是作为“营业外收入”或

“应付账款”或不入账，作为内部“小金库”处理或贪污私分。

具体的查账方法如下。

（1）查账人员应采用审阅法、复核法查证坏账准备，检查被查单位坏账准备的计提是否正确、合乎规定，有无多提或少提坏账准备金，人为调节利润。

（2）审阅“坏账准备”账户借方，即坏账损失的转销数，以发现和查证是否将不该转的坏账予以转销，日后收到欠款时予以贪污。

（3）函证长期挂账的应收账款，有无名为应该转销的坏账，实为将已收到欠款进行了贪污。

（4）根据发票、收据号码的不连贯等情况，审阅核对“坏账准备”贷方记录的收回已转销的坏账数，检查是否存在贪污行为。

（二）坏账损失核销手续不健全

具体表现为：会计人员未经批准即自行核销应收账款。

具体的查账方法为：审查有关坏账核销业务原始凭证有无批准核销文件。

三、坏账准备违规操作的参考案例

【参考案例一】 提前转销坏账

1. 疑点

查账人员审阅企业2×19年10月“应收账款——甲公司”账目时，发现该应收账款业务发生时间为2×19年2月24日，确认坏账时间为2×19年10月25日。调阅2月24日36号凭证，其注明销售商品给甲单位，分录为：

借：应收账款	90 400	
贷：主营业务收入		80 000
应交税费——应交增值税（销项税额）		10 400

查账人员怀疑存在提前转销坏账的情况。

2. 查账

调阅10月25日32号凭证分录：

借：银行存款　　50 400
　　坏账准备　　40 000
　　贷：应收账款——甲公司　　90 400

该凭证只附一张银行进账单回单，没有坏账审批意见，经查询，甲公司由于资金周转暂时困难，承诺先偿还50 400元，余款40 000元1年后偿还。

3. 问题

被查单位违反了坏账确认的标准，将以后可以收回的欠款转作了坏账处理，为日后收回甲公司所欠余款时挪用或贪污资金提供可乘之机。

4. 调账

作以下分录：

借：应收账款——甲公司　　40 000
　　贷：坏账准备　　40 000

【参考案例二】　利用坏账准备的计提调节利润

1. 疑点

被查单位按应收账款余额百分比法计提坏账准备，根据以往的经验，债务单位的实际财务状况和现金流量等相关信息估计坏账准备计提率为10%，已经批准并向有关各方备案，企业按年度计提坏账准备。查账A人员2×19年12月审查“坏账准备”账户时，有以下分录：

借：资产减值损失　　32 000
　　贷：坏账准备　　32 000

查账人员怀疑存在多提坏账准备的可能性。

2. 查账

查账人员进一步审阅有关原始凭证和账簿记录，发现应收账款2×19年12月末余额为300 000元，2×19年12月31日其他应收款余额40 000元，应收票据余额20 000元，年初坏账准备余额15 000元，年度发生坏账损失30 000元。

经复核，2×19 年 12 月 31 日“坏账准备”账户应维持的坏账准备为(300 000 +40 000)×10% =34 000（元）。“坏账准备”账户，12 月 31 日实际余额为 80 000 −30 000 =50 000（元）（贷方）。

应冲回坏账准备 50 000 −34 000 =16 000（元）

而该企业不仅未冲回坏账准备，反而提了 32 000 元。

3. 问题

财务人员将计提坏账准备的基数不仅包括应收账款、其他应收款，还包含了应收票据，并且在计提坏账准备之前，未考虑坏账准备账户实际余额，从而达到增大费用、逃避税收的目的。

4. 调账

如 2×19 年 12 月 31 日年终结算之前查清，应作调账分录：

借：坏账准备	48 000	
贷：资产减值损失		48 000

如是以后年度即 2×19 年 12 月 31 日之后查清的应作如下调整分录(假设所得税税率 30%，计提盈余公积 10%，净利润 50% 向投资者分配)。

借：坏账准备	48 000	
贷：应交税费——应交所得税		14 400
以前年度损益调整		33 600
借：以前年度损益调整	33 600	
贷：利润分配——未分配利润		33 600
借：利润分配——未分配利润	20 160	
贷：盈余公积		3 360
应付利润		16 800
借：应交税费——应交所得税	14 400	
应付利润	16 800	
贷：银行存款		31 200

第四章　其他应收款

第一节　从会计角度看其他应收款

一、其他应收款的内容

其他应收款属于应收款项，其与应收账款的区别在于其他应收款是非交易形成的，商品、产品以及劳务的销售和购买交易形成了应收票据、应收账款和预付账款，其他应收款核算除此之外的其他各种应收、暂付款项，包括的内容主要有：应收的各种赔款、罚款；应收出租包装物租金；应向职工收取的各种垫付款项；备用金；存出保证金；预付账款转入；其他各种应收、暂付款项。

其主要内容包括以下几方面。

1. 应收的各种赔款、罚款。
2. 应收出租包装物的租金。
3. 应向职工收取的各种垫付款项。
4. 备用金（向企业各职能科室、车间等拨出的备用金）。
5. 存出的保证金，如租入包装物支付的押金。
6. 预付账款转入。
7. 其他各种应收、暂付款项。

但是，企业拨出用于投资、购买物资的各种款项，不得在“其他应收款”科目核算。

事实上，非经营性交易形成的债权债务关系对于企业的经营活动几乎不具备价值，风险性较高，主要是在于超经济性关系的存在会干扰企业正常经营判断；存在其他应收款形成的资金占用会挤压经营资金的空间，甚至对企业经营造成致命的伤害，所以，其他应收款被称为“抽血管”，资金被源源不断的从企业内部抽出，转移到其他利益主体身上。

当然，其他应收款也有产生收益的可能。其他应收款所产生的收益在报表系统里反映为资金占用费，分析者要非常关注其他应收款和资金占用费之间的勾稽关系。

“其他应收款”中所包括的内容是相当繁杂的。在实际生活中，由于一些企业内部管理不严，其他应收款长期得不到清理，致使其他应收款金额巨大，这应当引起高度重视。

二、其他应收款的会计核算

（一）账户设置

为了反映其他应收账款的增减变动及其结存情况，企业应当设置“其他应收款”科目进行核算。“其他应收款”账户用于核算企业除应收票据、应收账款、预付账款等以外的其他各种应收、暂付款项。在“其他应收款”账户下，应按其他应收款的项目分类，并按不同的债务人设置明细账。企业应定期或者至少于每年年度终了，对其他应收款进行检查，预计其可能发生的坏账损失，并计提坏账准备。“其他应收款”科目的借方登记其他应收款的增加，贷方登记其他应收款的收回，期末余额一般在借方，反映企业尚未收回的其他应收款项。

1. 一般其他应收款的核算

企业发生其他各种应收款项时，应按应收金额借记“其他应收款”科目，贷记有关科目。收回各种款项时，借记有关科目，贷记“其他应收款”科目。企业拨出用于投资、购买物资的各种款项，不得通过“其他应收款”科目核算。

企业发生其他各种应收款项时：	收回各种款项时：
借：其他应收款 　　贷：有关科目	借：有关科目 　　贷：其他应收款

【例4-1】　三木制造公司一批库存的电子仪器发生毁损，这批库存物资已投保了企业财产险，按保险合同规定，应由保险公司赔偿损失110 000元，经现场勘查之后，保险公司已同意按照约定赔偿，但赔款一周之后才能支付。该公司对以上的业务应进行以下的会计处理：

借：其他应收款——保险公司　110 000

　贷：库存商品　110 000

待收到保险公司的赔款时：

借：银行存款　110 000

　贷：其他应收款——保险公司　110 000

【例4-2】　三木制造公司2×19年2月以现金的形式为员工小李代垫应由其个人负担的培训费300元，打算从其下月工资中扣回。对此业务应进行如下的会计处理：

（1）垫支以上款项时：

借：其他应收款——李××　300

　贷：银行存款　300

（2）下月从其工资中扣回以上款项时：

借：应付职工薪酬　300

　贷：其他应收款——李××　300

2. 其他应收款——备用金的核算

（1）备用金的概念。备用金是企业预付给职工和企业内部有关单位作差旅费、零星采购、零星开支等用途的款项。在其他应收款的核算中，备用金的核算比较常见。在很多企业的会计事务中，为了使频繁的日常小额零星支出摆脱常规的逐级审批及逐项签发支票的过繁手续，对那些供零星开支、零星采购或小额差旅费用等需用的现金，建立定额备用金制度加以控制。

定额备用金是备用金管理的一种常见形式，主要适用于经常使用备用金的单位和个人。在定额备用金下，报销时由财会部门对各项原始凭证进行审核，根据核定的报销数付给现金，补足备用金定额。除收回备用金或备用金定额变动外，账面上的备用金将经常保持核定的备用金定额是定额备用金的主要核算特点。

（2）备用金的管理。

①由会计部门核定金额，规定使用范围。

②必须设立专人经管定额备用金。

③支付零用现金时，必须由指定的负责人签字同意。

④经管人员必须妥善保管有关收据、发票及各种报销凭证，并设置备用金登记簿。

⑤按规定凭有关凭证向会计部门报销，补足定额。

三、其他应收款在核算时的注意事项

（1）实行定额备用金制度的企业，对于领用的备用金应当定期向财务会计部门报销。财务会计部门根据报销数用现金补足备用金定额时，借记“管理费用”等科目，贷记“库存现金”或“银行存款”科目，报销数和拨补数都不再通过本科目核算。

（2）企业其他应收款与其他单位的资产交换，或者以其他资产换入其他单位的其他应收款等，比照“应收账款”科目的相关核算规定进行会计处理。

（3）企业应当定期或者至少在每年年度终了，对其他应收款进行检查，预计其可能发生的坏账损失，并计提坏账准备。企业对于不能收回的其他应收款应当查明原因，追究责任。对确实无法收回的，按照企业的管理权限，经股东大会或董事会，或经理（厂长）会议或类似机构批准作为坏账损失，冲销已计提的坏账准备。

经批准作为坏账的其他应收款，借记“坏账准备”科目，贷记“其他应收款”。

（4）已确认并转销的坏账损失，如果以后又收回，按实际收回的金额，借记“其他应收款”科目，贷记“坏账准备”科目；同时，借记“银行存款”科目，贷记“其他应收款”科目。

经批准作为坏账的其他应收款：	已确认并转销的坏账损失，如果以后又收回：
借：坏账准备 　　贷：其他应收款	借：其他应收款 　　贷：坏账准备 同时， 借：银行存款 　　贷：其他应收款

（5）“其他应收款”科目期末借方余额，反映企业尚未收回的其他应收款。

【例4-3】 达森公司对备用金采取定额预付制。本月份发生如下业务：

（1）5日，设立管理部门定额备用金，由李红负责管理。管理部门的定额备用金核定定额为300元，财务科开出现金支票。应作如下分录：

借：其他应收款——备用金（李红）　　300

　　贷：银行存款　　300

（2）16日，李红交来普通发票120元，报销管理部门购买办公用品的支出，财务科以现金补足该定额备用金。

借：管理费用　　120

　　贷：库存现金　　120

（3）22日，经批准减少管理部门定额备用金的核定定额100元，李红将100元交回财务科。

借：库存现金　　100

　　贷：其他应收款——备用金（李红）　　100

（4）30日，由于机构变动，经批准撤销管理部门定额备用金，李红交回购买办公用品支出的普通发票30元及现金170元。

借：管理费用　　30

　　库存现金　　170

　　贷：其他应收款——备用金（李红）　　200

<table>
<tr><th colspan="3">其他应收款——会计视角</th></tr>
<tr><td>概念</td><td colspan="2">其他应收款属于应收款项，其与应收账款的区别在于其他应收款是非交易形成的，商品、产品以及劳务的销售和购买交易形成了应收票据、应收账款和预付账款，其他应收款核算除此之外的其他各种应收、暂付款项</td></tr>
<tr><td rowspan="7">主要内容</td><td>应收的各种赔款、罚款</td><td rowspan="7">备注：“其他应收款”中所包括的内容是相当繁杂的。在实际生活中，由于一些企业内部管理不严，其他应收款长期得不到清理，致使其他应收款金额巨大，这应当引起高度重视</td></tr>
<tr><td>应收出租包装物租金</td></tr>
<tr><td>应向职工收取的各种垫付款项</td></tr>
<tr><td>备用金</td></tr>
<tr><td>存出保证金</td></tr>
<tr><td>预付账款转入</td></tr>
<tr><td>其他各种应收、暂付款项</td></tr>
<tr><td rowspan="2">账户设置</td><td>一般其他应收款的核算</td><td>企业发生其他各种应收款项时，应按应收金额借记“其他应收款”科目，贷记有关科目。收回各种款项时，借记有关科目，贷记“其他应收款”科目</td></tr>
<tr><td>其他应收款——备用金的核算</td><td>备用金是企业预付给职工和企业内部有关单位作差旅费、零星采购、零星开支等用途的款项</td></tr>
<tr><td rowspan="4">核算注意事项</td><td colspan="2">1. 实行定额备用金制度的企业，对于领用的备用金应当定期向财务会计部门报销</td></tr>
<tr><td colspan="2">2. 企业其他应收款与其他单位的资产交换，或者以其他资产换入其他单位的其他应收款等，比照“应收账款”科目的相关核算规定进行会计处理</td></tr>
<tr><td colspan="2">3. 企业应当定期或者至少在每年年度终了，对其他应收款进行检查，预计其可能发生的坏账损失，并计提坏账准备</td></tr>
<tr><td colspan="2">4. 已确认并转销的坏账损失，如果以后又收回，按实际收回的金额，借记“其他应收款”科目，贷记“坏账准备”科目；同时，借记“银行存款”科目，贷记“其他应收款”科目</td></tr>
</table>

四、其他应收款管理事务

（一）其他应收款挂账及销账管理

1. 备用金

（1）备用金领用时的挂账管理：会计审核企业备用金领用管理文件和“付款审批单”，确认入账依据和金额，并签署付款意见，经财务负责人审核确认后，交企业领导审批，会计依据企业领导的审批制作凭证入账：在记账凭证上借记“其他应收款——备用金——××人”，贷记“现金”，金额都以“蓝”字入账。记账凭证交出纳审核办理付款。

（2）备用金收回时的销账管理：会计审核企业收回备用金领用资格的通知和现金，确认入账依据和金额；在记账凭证上借记“现金”，贷记“其他应收款——备用金——××人”，金额都以“蓝”字入账。记账凭证交出纳审核办理收款。

2. 外埠存款

（1）发生外埠存款时的挂账管理：会计审核“付款审批单”，确认入账依据、金额和合法合规性，并签署付款意见，经财务负责人审核确认后，交企业领导审批，会计依据企业领导的审批制作凭证入账：在记账凭证上借记“其他应收款——外埠存款——××银行”，贷记“银行存款——××行账户”，金额都以“蓝”字入账。记账凭证交出纳审核办理付款，会计在出纳填写的银行付款单证上签“财务章”。

（2）外埠存款用于采购时的销账管理：会计审核“入库单”和购货发票，确认入账依据、金额和合法合规性：借记“原材料——××材料”，或“库存商品——××商品”等相关科目，贷记“其他应收款——外埠存款——××银行”，金额都以“蓝”字入账。

3. 个人借款

（1）个人借款发生时的挂账管理：会计审核“付款审批单”，确认入账依据、金额和合法合规性，并签署付款意见，经财务负责人审核确认后，交企业领导审批，会计依据企业领导的审批制作凭证入账：借记“其他应收款——××人”，贷记“现金——××币种”，金额都以“蓝”字入账。记账凭证交出纳审核办理付款。

（2）个人借款交回时的销账管理：会计审核现金，确认入账依据、金额和正确性并制作记账凭证：借记“现金”，贷记“其他应收款——××人”，金额都以“蓝”字入账。记账凭证交出纳审核办理收款。

4. 押金

（1）押金的挂账管理：会计审核“付款审批单”，确认入账依据、金额和合法合规性，并签署付款意见，经财务负责人审核确认后，交企业领导审批，会计依据企业领导的审批制作凭证入账：借记“其他应收款——押金——××单位”，贷记“银行存款——××行账户”或“现金”，金额都以“蓝”字入账。记账凭证交出纳审核办理付款，会计在出纳填写的银行付款单证或票据上签“财务章”。

（2）收回押金时的销账管理：会计审核开户行收款通知、票据或现金，确认入账依据、金额和正确性并制作记账凭证：借记“银行存款——××行账户”或“现金”，贷记“其他应收款——押金——××单位”，金额都以“蓝”字入账。记账凭证交出纳审核办理收款。

5. 向内部关联单位拨款或代内部关联单位垫款

（1）向内部关联单位拨款或代内部关联单位垫款的挂账管理：会计审核“付款审批单”，确认入账依据、金额和合法合规性，并签署付款意见，经财务负责人审核确认后，交企业领导审批，会计依据企业领导的审批制作凭证入账：在记账凭证上借记“其他应收款——内部往来——××单位”，贷记“银行存款——××行账号”，金额都以“蓝”字入账。记账凭证交出纳审核办理付款，会计在出纳填写的银行付款单证或票据上签“财务章”。

（2）收回内部关联单位拨款或代内部关联单位垫款的销账管理：会计审核开户行收账通知或票据，确认入账金额和依据并制作记账凭证：借记“银行存款——××行账户”，贷记“其他应收款——内部往来——××单位”，金额都以“蓝”字入账。记账凭证交出纳审核办理收款。

6. 索赔款

（1）索赔款的挂账管理：会计审核有关部门开具的索赔证明单，确认入账依据、金额和合法合规性并制作记账凭证：借记“其他应收款——××单位或个人”，贷记“营业外收入——赔款”，金额都以“蓝”字入账。

（2）收到赔款时的销账管理：会计审核开户行收账通知、票据或现金，确认入账金额和依据并制作记账凭证：借记“银行存款——××行账户”或“现金”，贷记“其他应收款——××单位或个人”，金额都以“蓝”字入账。记账凭证交出纳审核办理收款。

7. 罚款

（1）罚款的挂账管理：会计审核有关部门开具的罚款单，确认入账依据、金额和合法合规性并制作记账凭证：借记“其他应收款——××单位或个人”，贷记“营业外收入——罚款”，金额都以“蓝”字入账。

（2）收到罚款时的销账管理：会计审核开户行收账通知、票据或现金，确认入账金额和依据并制作记账凭证：借记“银行存款——××行账户”或“现金”，贷记“其他应收款——××单位或个人”，金额都以“蓝”字入账。记账凭证交出纳审核办理收款。

（二）其他应收款挂账/销账分析报告（图）

企业其他应收款销账分析报告一般一式三份，经财务负责人审核后，一份由往来账会计自留，另两份分别上交财务负责人和财务总监。

其他应收款挂账分析报告（格式）

年　　月份

本期其他应收款挂账总额：			
一、备用金：			占总额比例：
序号	客户名称	金额	所占比例
二、外埠存款：			占总额比例：
序号	客户名称	金额	所占比例
三、关联单位拨款和垫款：			占总额比例：
序号	客户名称	金额	所占比例

续上表

四、个人借款：			占总额比例：
序号	客户名称	金额	所占比例
五、其他：			占总额比例：
序号	客户名称	金额	所占比例

审核人：　　　　编制人：

审核日期：　　　　审核日期：

注：表中具体分析的项目，由企业根据内部管理需要增减和调整。金额由会计根据其他应收款明细账分析填列。

其他应收款销账分析报告（格式）

年　　月份

本期其他应收款销账总额：			
一、备用金收回：			占总额比例：
序号	客户名称	金额	所占比例
二、外埠存款用于采购：			占总额比例：
序号	客户名称	金额	所占比例
三、内部关联单位还款：			占总额比例：
序号	客户名称	金额	所占比例

续上表

四、个人借款交回：			占总额比例：
序号	客户名称	金额	所占比例
五、其他：			占总额比例：
序号	客户名称	金额	所占比例

审核人：　　　　编制人：
审核日期：　　　　审核日期：

注：表中具体分析的项目，由企业根据内部管理需要增减和调整。金额由会计根据其他应收款明细账分析填列。

（三）其他应收款余额账龄分析管理（图）

企业其他应收款账龄分析报告一般一式三份，经财务负责人审校后，一份由往来账会计自留，另两份分别上交财务负责人和财务总监。

其他应收款账龄分析表（格式）

截止日期：

单位名称	其他应收款余额账龄								
	余额小计	1个月内	1~3个月	3~6个月	6~12个月	1~2年	2~3年	3~5年	5年以上
总计									

审核人：　　　　编制人：
审核日期：　　　　编制日期：

注：表中金额，由往来账会计根据其他应收款明细账分析填列。

第二节　从财务管理角度看其他应收款

在对其他应收款的分析中，结构分析和趋势分析是提供线索，重点是进一步的账龄分析和对象分析。年代久远的其他应收款其风险是不言而喻的，这往往表明企业在与债务人的谈判中处于劣势，或者，根本就表明企业不具备债权管理的能力。对象分析可以为分析者提供深入洞悉企业其他应收款风险的机会，如果关联方大量占用企业的资金，则其他应收款的回收风险极高。此外，从资产与负债勾稽的角度看，大量其他应收款的存在或新增加，意味着企业要为这部分资产进行融资，如果这种融资是有息负债，则企业还面临较大的财务费用的压力。

▶小案例◀

致命的其他应收款——特别处理公司的命门

在中国证券市场上，畸高的其他应收款已经成了那些陷入财务困境的公司的普遍特征，如已退市的PT粤金曼公司中，截至2000年年末的其他应收账款高达12.76亿元，其中主要是控股方和关联方的占用，而该公司净资产的亏空也不过是10.6亿元。显然，来自其它应收款的风险是该公司难以重组而最终退市的主要原因；ST猴王2000年年末其它应收款高达9.61亿元，其中猴王集团占用9.30亿元，而集团公司的破产给上市公司带来沉重的打击，等等。其他应收款成为特别处理公司的命门，从鞍一工2000年的报表数据和审计报告中，我们可以对其他应收款的风险性作深入的探讨。

鞍一工是1992年由鞍山红旗拖拉机制造厂为独家发起人，以定向募集方式设立股份有限公司，1993年转为向社会募集公司和向社会公开发行普通股5 000万股，并于1994年1月14日在上海证券交易所挂牌上市。由于连续亏损，该公司在2002年退市。造成鞍一工连年亏损的原因很多，庞大的其他应收款是其中主要的一条，具体数据如表4－1、表4－2所示。

表4－1

年份	1993	1994	1995	1996	1997	1998	1999	2000	2001（中）
其它应收款余额	12 335	22 356	27 963	27 233	39 642	62 041	63 758	61 875	62 014
增长率	47.34%	81.24%	25.08%	－2.61%	45.57%	56.50%	2.77%	－2.95%	0.22%
净利润	4 651	4 112	1 609	－4 483	－17 513	144	－2 562	－12 739	－7 301

表4－2　公司2000年年度报告中披露的其他应收款前5名

序号	单位名称	金额	欠款时间	欠款原因
1	鞍山万荣铸轧有限公司	375 893 650	1997年	关联交易
2	鞍山红拖产业公司	125 562 989	1998年	往来款
3	鞍山锅炉辅机厂	20 803 430	1999年	设备欠款
4	鞍山鞋革厂	15 889 513	1994年	帮扶企业款
5	鞍山市财政局	7 171 771	1999年	国家股红利承担

资料来源：公司报告

从上表可以看出，该公司1998年实现净利润144万元是1996～2001年6年的时间中唯一的一次盈利记录，而在这144万元中，具审计报告揭示，还有来自于其他应收款的贡献。在当年注册会计师出具的审计报告解释说明段中提到，公司其他应收款期末余额62 041万元中应收关联企业鞍山万荣铸轧有限公司36 712万元，因为这项资金占用，公司在1998年确认了对鞍山万荣铸轧有限公司的资金占用费3 599万元和鞍山红拖产业公司占用费1 833万元，上述资金占用费均在其他应收款中挂账，并且冲减了财务费用，直接增加当期盈利。

但是，在1998年贡献了资金占用费的其他应收款的风险性十分巨大，所以在2000年的审计报告中，注册会计师出具的解释性说明段中揭示：公司其他应收款期末余额61 874万元中应收关联企业鞍山市万荣铸轧有限公司37 589万元；应收鞍山红拖产业公司12 556万元，该等债权的可收回性无法确定。

鞍一工的其他应收款可以说是道尽了上市的心痛之事，一是巨额资金被占用，2000年的其他应收款余额6.2亿元，占总资产的近一半；二是其他应收款账龄极长，账龄三年以上的占比27%，两年以上的占比58%，其中前五名欠款单位欠款时间均在两年以上；三是关联方欠款回收风险巨大，主要债务人系公司关联方，早已经几乎不具备偿债能力；四是风险准备极不充分，鞍一工按应收账款、其他应收款余额13%计提坏账准备，可以认为坏账准备严重低提。

由于内外交困，积重难返，鞍一工在经历多次重组努力后仍然无法摆脱困境，其股票终因公司连年亏损而停止了交易。

第三节　从审计角度看其他应收款

一、其他应收款的审计目标

其他应收款的审计目标一般包括以下几方面。

1. 确定资产负债表中记录的其他应收款是否存在。

2. 确定所有应当记录的其他应收款是否均已记录。

3. 确定记录的其他应收款是否由被审计单位拥有或控制。

4. 确定其他应收款是否以恰当的金额包括在财务报表中，与之相关的计价调整是否已恰当记录。

5. 确定其他应收款是否已按照企业会计准则的规定在财务报表中作出恰当列报。

二、其他应收款的实质性程序

其他应收款的实质性程序通常包括以下几个步骤。

1. 获取或编制其他应收款明细表，复核加计是否正确，并与报表数、总账数和明细账合计数核对是否相符；检查其他应收款的账龄分析是否正确；分析有贷方余额的项目，查明原因，必要时作重新分类调整；结合应收账款明细余额查验是否有双方同时挂账的项目，核算内容是否重复，必要时做出适当调整；标明应收关联方（包括持股5%以上的股东）的款项，并注明合并报表时应予抵销的数字。

2. 判断选择一定金额以上、账龄较长或异常的明细账户余额发函询证，编制函证结果汇总表。

3. 对发出询证函未能收到回函的样本，采用替代审计程序，如查核下期明细账，或追踪至其他应收款发生时的原始凭证。特别注意是否存在抽逃资金、隐藏费用的现象。

4. 检查资产负债表日后的收款事项，确定有无未及时入账的债权。

5. 分析明细账户，对于长期未能收回的项目，应查明原因，确定是否可能发生坏账失。

6. 对非记账本位币结算的其他应收款，检查其采用的折算汇率是否正确。

7. 检查转作坏账损失项目。是否符合规定并办妥审批手续。

8. 检查其他应收款的列报是否恰当。

三、其他应收款违规操作的检查思路及方法

1. 其他应收款占用额过大，占用时间过长，给企业造成一定的损失

其具体表现为：为职工垫付的款项过多，以至于影响企业的正常生产经营活动；应向有关单位、个人收取的罚款、赔款长期无法收回，有些形成损失；存出保证金、押金超过正常期限未能收回，或收回不及时入账，予以挪用贪污。

具体的查账方法为：审阅“其他应收款”明细账户，调阅有关凭证、账簿，对其他应收款进行账龄分析，询问有关人员，了解其他应收款业务的真实内容，找出疑点查证有无舞弊行为。

2. 其他应收款记录的业务不真实、不合法

其具体表现为：将超出企业经营范围的业务收入反映在“其他应收款”账户以逃税；以“其他应收款”账户挪用或长期占用企业资金，如将企业资金用于投资或其他活动，账外经营获取利益，为“小金库”提供资金来源；利用“其他应收款”账户，私自存放大量现金，违反库存现金限额管理的规定；任意支付与企业经营活动无关的款项，列入“其他应收款”；利用“其他应收款”账户为其他单位和个人套取现金，在一定程度上为贪污、盗窃、损公肥私提供了方便。

具体的查账方法为：查阅“其他应收款”明细账，在了解业务内容后，进一步审阅有关的凭证，看是否存在账证不符、账实不符、无原始凭证或利用虚假的原始凭证作账的现象。

3. 其他应收款的定额备用金核算中账务处理不正确

主要表现为：在定额备用金制度下报销费用时，做出错误的会计分录。

具体的查账方法为：检查企业是否有定额备用金制度，在这种制度下，企业为保持一定的限额备用金，在未撤销备用金前的报销业务均应补足现金。

正确的会计分录为：

借：管理费用

　　贷：库存现金

其他应收款违规操作的检查思路及方法总结如下表。

其他应收款违规操作	1	检查思路	其他应收款占用额过大，占用时间过长，给企业造成一定的损失
		具体表现	为职工垫付的款项过多，以至于影响企业的正常生产经营活动
			应向有关单位、个人收取的罚款、赔款长期无法收回，有些形成损失
			存出保证金、押金超过正常期限未能收回，或收回不及时入账，予以挪用贪污
		查账方法	审阅“其他应收款”明细账户，调阅有关凭证、账簿，对其他应收款进行账龄分析，询问有关人员，了解其他应收款业务的真实内容，找出疑点查证有无舞弊

续上表

其他应收款违规操作	2	检查思路	其他应收款记录的业务不真实、不合法
		具体表现	将超出企业经营范围的业务收入反映在“其他应收款”账户以逃税
			以“其他应收款”账户挪用或长期占用企业资金，如将企业资金用于投资或其他活动，账外经营获取利益，为“小金库”提供资金来源
			利用“其他应收款”账户，私自存放大量现金，违反库存现金限额管理的规定
			任意支付与企业经营活动无关的款项，列入“其他应收款”
			利用“其他应收款”账户为其他单位和个人套取现金，在一定程度上为贪污、盗窃、损公肥私提供了方便
		查账方法	查阅“其他应收款”明细账，在了解业务内容后，进一步审阅有关的凭证，看是否存在账证不符、账实不符、无原始凭证或利用虚假的原始凭证作账的现象
	3	检查思路	其他应收款的定额备用金核算中账务处理不正确
		具体表现	在定额备用金制度下报销费用时，做出错误的会计分录
		查账方法	检查企业是否有定额备用金制度，在这种制度下，企业为保持一定的限额备用金，在未撤销备用金前的报销业务均应补足现金

四、其他应收款违规操作的参考案例

【参考案例一】“其他应收款”占用期过长

1. 疑点

查账人员在查阅某企业2×19年“其他应收款”明细账时，发现摘要中注明应收张某赔款的业务，借方发生时间为3年以前，至今仍挂账未决。

2. 查证

查账人员查阅有关记账凭证和原始凭证并询问有关知情人，确定张某为仓库保管员，因责任事故给企业造成损失，企业领导决定由张某赔款 1 800 元，但由于种种原因，赔款未能收回，现张某已调出单位去向不明，因此，这部分赔款已成为事实上的坏账。

3. 问题

该企业对其他应收款占压资金管理不严，责任人调离时未采取措施，致使赔款无法收回。

4. 调账

该笔赔款可经有关部门批准后作为坏账损失处理。

借：管理费用　　1 800

　　贷：其他应收款　　1 800

第五章　预付账款

第一节　从会计角度看预付账款

预付账款是企业从外单位（本市或外地）购进商品所预付的款项。其中包括预付购入商品款，发放应收回的农副产品预购定金等，以及企业按合同或协议所签订的预付外汇账款或定金。企业应当设置“预付账款”科目，核算预付账款的增减变动及其结存情况。预付款项情况不多的企业，可以不设置“预付账款”科目，而直接通过“应付账款”科目（借方）核算。对企业按合同或协议所签订的预付外汇账款或定金可增设“预付外汇账款”科目进行核算。本科目期末借方余额，反映企业预付的款项；期末如为贷方余额，反映企业尚未补付的款项。本科目应按供应单位设置明细账，进行明细核算。

一、采购中预付账款的会计核算

（1）企业根据购货合同的规定向供应单位预付款项时，借记“预付账款”科目，贷记“银行存款”科目。企业收到所购物资，按应计入购入物资成本的金额，借记“材料采购”或“原材料”“库存商品”“应交税费——应交增值税（进项税额）”等科目，贷记“预付账款”科目；当预付货款小于采购货物所需支付的款项时，应将不足部分补付，借记“预付账款”科目，贷记“银行存款”科目；当预付货款大于采购货物所需支付的款项时，对收回的多余款项应借记“银行存款”科目，贷记“预付账款”

科目。

企业根据购货合同的规定向供应单位预付款项时：	企业收到所购物资时：
借：预付账款（按购货预付的款项） 　　贷：银行存款	借：物资采购、原材料、库存商品等（根据发票、账单等列明应计入购入物资成本的金额） 　　应交税费——应交增值税（进项税额）（按专用发票上注明的增值税额） 　　贷：预付账款（按应付金额）

补付款项时：	退回多付的款项时：
借：预付账款 　　贷：银行存款	借：银行存款 　　贷：预付账款

【例5－1】 三木制造公司向A公司采购纺织用原材料一批，货款总额为10万元。按照合同约定，该公司需要向A公司预付货款的50%，待收到货物并验收后支付其余的货款。对于以上的业务三木制造公司应作如下会计处理：

（1）预付50%的货款时：

借：预付账款——A公司　　50 000

　　贷：银行存款　　50 000

（2）收到A公司发来的纺织材料之后，验收无误，增值税专用发票记载的货款为100 000元，增值税额为13 000元。甲公司以银行存款补付所欠款项63 000元。

借：预付账款——A公司　　63 000

　　贷：银行存款　　63 000

借：原材料 100 000

应交税费——应交增值税（进项税额） 13 000

贷：预付账款——A公司 113 000

说明：首先对补付的其余货款进行处理，然后对货物入库的业务再进行账务处理，如果是预付账款大于货款总额，则应该在收回多余的预付款时，借记“银行存款”科目，贷记：“预付货款”科目。

假设，由于其他原因，A公司只能提供4万元的纺织用原材料，退回了多付的货款4 800元，则应进行以下的账务处理：

借：银行存款 4 800

贷：预付账款——乙公司 4 800

借：原材料 40 000

应交税费——应交增值税（进项税额） 5 200

贷：预付账款——乙公司 45 200

（2）企业的预付账款，如有确凿证据表明其不符合预付账款性质，或者因供货单位破产、撤销等原因已无望再收到所购货物的，应将原计入预付账款的金额转入其他应收款。企业应按预计不能收到所购货物的预付账款账面余额，借记“其他应收款——预付账款转入”科目，贷记“预付账款”科目。除转入“其他应收款”科目的预付账款外，其他预付账款不得计提坏账准备。

借：其他应收款——预付账款转入（按预计不能收到所购货物的预付账款账面余额）

贷：预付账款

二、在建工程中预付账款的核算

企业进行在建工程预付的工程价款，借记本科目，贷记“银行存款”等科目。按工程进度结算工程价款，借记“在建工程”科目，贷记本科目、“银行存款”等科目。

企业预付工程价款时：	按工程进度结算工程价款时：
借：预付账款 　　贷：银行存款	借：在建工程 　　贷：预付账款、银行存款等

第二节　从审计角度看预付账款

一、预付款项审计

预付款项是企业按采购合同的规定，预先支付给供货单位的货款，包括企业进行在建工程预付的工程价款，会计上通过“预付账款”或“应付账款”科目（借方）进行核算。预付款项是企业的一种流动资产，它是企业在采购环节中产生的。因此，预付款项的审计应结合采购与付款循环的审计进行。

（一）预付款项的审计目标

预付款项的审计目标一般包括以下几方面。

1. 确定资产负债表中记录的预付款项是否存在。

2. 确定所有应当记录的预付账款是否均已记录。

3. 确定记录的预付账款是否由被审计单位拥有或控制。

4. 确定预付账款是否以恰当的金额包括在财务报表中，与之相关的计价调整是否已恰当记录。

5. 确定预付账款是否已按照企业会计准则的规定在财务报表中作出恰当列报。

（二）预付款项——账面余额的实质性审计程序

1. 获取或编制预付款项明细表。

（1）复核加计是否正确，并与总账数和明细账合计数核对是否相符，结合坏账准备科目与报表数核对是否相符。

（2）结合应付账款明细账审计，查核有无重复付款或将同一笔已付清的账款在预付账款和应付账款两个科目中同时挂账的情况。

（3）分析出现贷方余额的项目，查明原因，必要的建议进行重新分类调整。

（4）对期末预付账款余额与上期期末余额进行比较，解释其波动原因。

2. 分析预付账款账龄及余额构成，明确以下事项。

（1）该笔款项是否根据有关购货合同支付。

（2）检查1年以上预付账款未核销的原因及发生坏账的可能性，检查不符合预付账款性质的或因供货单位破产、撤销等原因无法再收到所购货物的是否已转入其他应收款。

3. 检查大额预付工程款增加或者结转是否有相应的审批手续，与相关合同、工程进度是否一致。

4. 选择大额或异常的预付款项重要项目（包括零账户），函证其余额是否正确，并根据回函情况编制函证结果汇总表；回函金额不符的，应查明原因做出记录或建议作适当调整；未回函的，可再次函证，也可采用替代审计程序进行检查，如检查该笔债权的相关凭证资料，或抽查资产负债表日后预付账款明细账及存货、在建工程明细账，核实是否已收到货物、转销预付账款，并根据替代检查结果判断其债权的真实性或出现坏账的可能性。

5. 检查资产负债表日后的预付账款、存货及在建工程明细账，并检查相关凭证，核实期后是否已收到实物并转销预付账款，分析资产负债表日预付账款的真实性和完整性。

6. 实施关联方及其交易的审计程序，检查对关联方的预付账款的真实性、合法性，检查其会计处理是否正确。

7. 检查预付账款是否已按照企业会计准则的规定在财务报表中作出恰当列报。

如果被审计单位是上市公司，通常应在其财务报表附注中按不同账龄段列示预付款项余额、各账龄段余额占预付款项总额的比例；说明账龄超过1年的预付款项未收回的原因，以及持有5%以上（含5%）表决权股份的股东单位账款等情况。

（三）预付款项——坏账准备的实质性审计程序

1. 获取或编制坏账准备明细表，复核加计是否正确。与坏账准备总账数、明细账合计数核对是否相符。

2. 将预付款项坏账准备本期计提数与资产减值损失相应明细项目的发生额核对，是否核符。

3. 检查预付款项坏账准备计提和核销的批准程序，取得书面报告等证明文件。

4. 评价坏账准备所依据的资料、假设及计提方法。

5. 复核预付款项坏账准备是否按经股东（大）会或董事会批准的既定方法和比例提取，其计算和会计处理是否正确。

6. 实际发生坏账损失的，检查转销依据是否符合有关规定，会计处理是否正确。

7. 已经确认并转销的坏账重新收回的，检查其会计处理是否正确。

8. 通过比较前期坏账准备计提数和实际发生数，以及检查期后事项，评价预付款项坏账准备计提的合理性。

9. 检查预付款项坏账准备的披露是否恰当。

二、预付账款违规操作的检查思路及方法

1. 对企业正常的主营业务收入、其他业务收入、营业外收入记入“预付账款”，截留各种收入以达到推迟纳税或偷税目的的查账方法。

审阅“预付账款”明细账，从摘要、对应账户的记录中发现线索，再进一步查阅记账凭证和原始凭证等相关资料。

2. 对利用预付账款业务往来搭桥，为他人进行非法结算，获取回扣或以此来转移资金予以贪污、挪用、私设小金库的查账方法

审查预付账款业务合同是否真实合法，有无以虚假或不合理合同串通作弊，虚列预付账款。

3. 对利用预付账款列支非法支出，预付的账款未能收到货物，长期挂账给企业带来损失的查账方法

（1）查证预付账款明细账的账龄长短及相关的凭证，如账龄过长，则有利用“预付账款”转移资金或进行其他舞弊行为的可能。

（2）对长期未收到货物的预付账款，可向供货单位进行查询。

预付账款违规操作	1	检查思路	截留各种收入以达到推迟纳税或偷税的目的
		具体表现	对企业正常的主营业务收入、其他业务收入、营业外收入记入“预付账款”
		查账方法	审阅“预付账款”明细账，从摘要、对应账户的记录中发现线索，再进一步查阅记账凭证和原始凭证等相关资料
	2	检查思路	非法结算，获取回扣或以此来转移资金予以贪污、挪用、私设小金库
		具体表现	利用预付账款业务往来搭桥，为他人进行非法结算，获取回扣
		查账方法	审查预付账款业务合同是否真实合法，有无以虚假或不合理合同串通作弊，虚列预付账款
	3	检查思路	长期挂账给企业带来损失
		具体表现	利用预付账款列支非法支出，预付的账款未能收到货物，长期挂账给企业带来损失
		查账方法	查证预付账款明细账的账龄长短及相关的凭证，如账龄过长，则有利用“预付账款”转移资金或进行其他舞弊行为的可能
			对长期未收到货物的预付账款，可向供货单位进行查询

三、预付账款违规操作的参考案例

【参考案例一】　随意预付账款

1. 疑点

查账人员在查阅某公司2×19年7月份“预付账款”明细账时，发现有一笔预付账款数额较大且时间也较长，决定进一步查证。

2. 查证

查阅2×19年3月份的此笔预付款业务的原始资料，某公司经有关方面介绍向某经销部订购一批优质钢材，并预付定金70万，合同明确交货期为3个月，但该公司对某经销部的资信情况并不了解，且合同未经公证，到期后该经销部因长年亏损无法经营而倒闭，通过多方追收，仅收回20万元，尚有50万元无法收回。

3. 问题

由于该公司对某经销部资信情况未进行深入了解，而盲目预付货款造成。

4. 调账

上述问题一般不需作调整分录。

【参考案例二】 利用“预付账款”截留收入

1. 疑点

查账人员审阅“预付账款”明细账时，发现2×19年6月18日有预付账款贷方15 000元，但借方对应科目不是“材料采购”，而是“银行存款”。调出该凭证，其分录为：

借：银行存款　　15 000

　　贷：预付账款——甲公司　　15 000

预付账款贷方表示以下含义：①收到所购货物时应冲减相应金额，则应与材料采购账户对应；②表示收到的货物价值小于预付款，对方所退回的货款；③由于特殊情况不能供货，而收回以前的预付款。进一步查询预付账款明细账，在6月18日之前并未发生预付业务即预付账款借方无内容，说明不应该有预付账款贷方核算内容，推断这不是预付账款业务。

2. 查证

经与甲公司联系，确无预付账款业务，断定该笔预付账款为虚假业务，财务负责人和会计人员不得不承认此为一笔销售废旧物资收入，企业领导为了偷税，会计人员为此而做出如上账务处理。

3. 问题

该企业利用“预付账款”账户，截留收入。

▶小案例◀

哈高科预付账款的秘密

哈高科2002年1—3月净利润为负5 559.73万元，中期继续预亏。哈高科称，发生较大亏损是由于继续计提了坏账准备。人们不由得感到纳闷，哈高科去年不是已经对历年的应收账款计提了巨额的坏账准备了吗，怎么老是计提不完呢？

2001年中期哈高科还报了1 355万元净利润，年底却亏损了12 495万元，据称主要原因是由于公司按照证监会巡检整改通知的要求调整了应收账款账龄计算的方法，以及按照国家计提8项减值准备会计政策的规定计提坏账、减值准备而导致的财务亏损。4.4亿元应收款，经调整账龄，3年以上的竟高达2.14亿元，比上年增加了132.50%，于是一下子计提坏账准备1.42亿元，使管理费用剧增。

我们注意到，哈高科在2002年第一季度季报中称："经过对公司现有经营能力和经营状况以及公司应收账款、其他应收款账龄和余额的分析，公司认为2002年中期将会继续出现亏损。"其实，只要具体了解一下其财务状况，就不难发现，与其说当前影响2002年财务状况和经营业绩的主要威胁主要来自应收账款和其他应收款，不如说预付账款更说明问题。

哈高科历年披露的应收账款、其他应收款均无持有本公司5%以上股份的主要股东单位的欠款，但总是有高新技术开发区管理办公室、哈尔滨高新集团实业发展公司、哈尔滨高新房屋开发总公司、哈尔滨高新技术开发区管理委员会、哈高新技术开发区基础设施开发建设有限公司等名义出现的1～2年的借款，其利用牛头不对马嘴的账龄掩盖大股东占用资金的秘密已为中国证监会调查发现。但更深的秘密其实隐藏在预付账款之中。

预付账款问题是哈高科的一个特殊问题，也可以说是哈高科问题症结的秘密所在。哈高科董事会在2001年报中就1999年12月以公司名义向国家开发行贷款4.77亿元所作的解释性说明，其实已经初步托出了这一秘密。这笔巨额贷款，实际上完全为开发区基础设施公司所占用，后者主要用于开发区基础设施建设（水、电、煤、路等）。董事会承认，“公司在贷款的具体使用中，按照哈尔滨高新技术产业开发区管委会的委托，根据开发项目的进度情况，分期、分批地向高新技术开发区基础设施建设有限公司支付开发费用。公司一直以‘预付货款’方式进行账务处理，负债表现为‘长期借款’。”公司在2001年度调整应收款项账龄时，将9 525万元预付账款转为其他应收款而计提坏账准备。即使如此，年末预付款余额仍高达50 081.41万元。

哈高科计提坏账，从会计制度来看并无不合，但从其应收账款、其他应收款尤其是预付账款形成的实际状况来看，值得关注的是，其计提坏账是否意味着替大股东赖账？

根据有关会计政策，坏账准备只能逐年按比例计提，一次性全部计提坏账准备是不可行的，也是不合理的。而坏账准备的增加将随账龄的不同而呈不等量的递增，欠款时间每增加一年，坏账准备可能增加40%~50%。哈高科2001年调整应收款项账龄以后，其应收账款余额为10 474万元，今年第一季度已减少到8 191.66万元；其他应收款19 325万元，今年一季度有无减少不详。即使按保守估算，依目前的账龄，2002年预计将计提坏账准备约7 000万元。而今年一季度预付账款则比2001年年末又增加了7%，达到53 587.03万元，假如按2001年将预付账款转为其他应收款而计提坏账准备的方法，则估计因此而将增提坏账准备约4 700万元。更严重的是，假如来年继续如法炮制，预计2003年将因数额最大的预付账款账龄分别进入2~3年期和3年以上期而增提坏账准备逾1亿元。

资料来源：黄湘源，《证券市场周刊》，2002年08月31日

第六章 应付账款

第一节 从会计角度看应付账款

一、应付账款的概念

应付账款是指企业在经营过程中因购买商品、材料、物资或接受劳务而发生的待清偿的债务。应付账款是由于双方在购销活动中取得物资和支付货款的时间不一致而产生的负债。应付账款，一般应在与所购买物资所有权相关的主要风险和报酬已经转移，或者所购买的劳务已经接受时确认。在实务工作中，为了使所购入物资的金额、品种、数量和质量等与合同规定的条款相符，避免因验收时发现所购物资存在数量或质量问题而对入账的物资或应付账款金额进行改动，在物资和发票账单同时到达的情况下，一般在所购物资验收入库后，再根据发票账单登记入账，确认应付账款。在所购物资已经验收入库，但是发票账单未能同时到达的情况下，企业应付物资供应单位的债务已经成立，在会计期末，为了反映企业的负债情况，需要将所购物资和相关的应付账款暂估入账，待下月初再用红字予以冲回。

企业应通过“应付账款”科目，核算企业因购买材料、商品和接受劳务供应等而应付给供应单位的款项，核算应付账款的发生、偿还、转销等情况。该科目贷方登记企业购买材料、商品和接受劳务等而发生的应付账款，借方登记偿还的应付账款，或开出商业汇票抵付应付账款的款项，或已冲销的无法支付的应付账款。余额一般在贷方，表示企业尚未支付的应付账款余额。本科目一般应按照债权人设置明细科目进行明细核算。

应付账款的账务处理具体见下表。

应付账款的账务处理	
发生应付账款	企业购入材料、商品或接受劳务等所产生的应付账款，应按应付金额入账。购入材料、商品等验收入库，但货款尚未支付，根据有关凭证（发票账单、随货同行发票上记载的实际价款或暂估价值），借记“材料采购”“在途物资”等科目，按可抵扣的增值税税额，借记“应交税费——应交增值税（进项税额）”科目，按应付的价款，贷记“应付账款”科目。企业接受供应单位提供劳务而发生的应付未付款项，根据供应单位的发票账单，借记“生产成本”“管理费用”等科目，贷记“应付账款”科目
偿还应付账款	企业偿还应付账款或开出商业汇票抵付应付账款时，借记“应付账款”科目，贷记“银行存款”“应付票据”等科目
转销应付账款	企业转销确实无法支付的应付账款（比如因债权人撤销等原因而产生无法支付的应付账款），应按其账面余额计入营业外收入，借记“应付账款”科目，贷记“营业外收入”科目

二、应付账款的账务处理

应付账款的处理主要涉及以下环节。

（一）发生应付账款

企业购入材料、商品或接受劳务等所产生的应付账款，应按应付金额入账。购入材料、商品等验收入库，但货款尚未支付，根据有关凭证（发票账单、随货同行发票上记载的实际价款或暂估价值），借记“材料采购”“在途物资”等科目，按可抵扣的增值税税额，借记“应交税费——应交增值税（进项税额）”科目，按应付的价款，贷记“应付账款”科目。企业接受供应单位提供劳务而发生的应付未付款项，根据供应单位的发票账单，借记“生产成本”“管理费用”等科目，贷记“应付账款”科目。

应付账款附有现金折扣的，应按照扣除现金折扣前的应付款总额入账。因在折扣期限内付款而获得的现金折扣，应在偿付应付账款时冲减财务费用。

【例6－1】　甲企业为增值税一般纳税人。2×20 年 3 月 1 日，从 A 公司购入一批材料，货款 100 000 元，增值税 13 000 元，对方代垫运杂费 1 000 元。材料已运到并验收入库（该企业材料按实际成本计价核算），款项尚未支付。该企业的有关会计分录如下：

借：原材料　101 000

　　应交税费——应交增值税（进项税额）　13 000

　　贷：应付账款——A 公司　114 000

【例6－2】　乙百货商场于 2×20 年 4 月 2 日从 3A 公司购入一批家电产品并已验收入库。增值税专用发票上列明，该批家电的价款为 100 万元，增值税为 13 万元。按照购货协议的规定，乙百货商场如在 15 天内付清货款，将获得 1% 的现金折扣（假定计算现金折扣时需考虑增值税）。乙百货商场的有关会计分录如下：

借：库存商品　1 000 000

　　应交税费——应交增值税（进项税额）　130 000

　　贷：应付账款——A 公司　1 130 000

【例6－3】　根据供电部门通知，丙企业本月应支付电费 48 000 元。其中生产车间电费 32 000 元，企业行政管理部门电费 16 000 元，款项尚未支付。该企业的有关会计分录如下：

借：制造费用　32 000

　　管理费用　16 000

　　贷：应付账款——××电力公司　48 000

（二）偿还应付账款

企业偿还应付账款或开出商业汇票抵付应付账款时，借记“应付账款”科目，贷记“银行存款”“应付票据”等科目。

【例6-4】 承【例6-1】，2×20年3月31日，甲企业用银行存款支付上述应付账款。该企业的有关会计分录如下：

借：应付账款——A公司　　114 000

　贷：银行存款　　114 000

【例6-5】 承【例6-2】，乙百货商场于2×20年4月10日，按照扣除现金折扣后的金额，用银行存款付清了所欠A公司货款。乙百货商场的有关会计分录如下：

借：应付账款——A公司　　1 130 000

　贷：银行存款　　1 017 000

　　财务费用　　113 000

本例中，乙百货商场在4月10日（即购货后的第8天）付清所欠A公司的货款，按照购货协议可以获得现金折扣。乙百货商场获得的现金折扣=1 130 000 ×1% =11 300（元），实际支付的货款=1 130 000 - 1 130 000×1% =1 017 000（元）。

（三）转销应付账款

企业转销确实无法支付的应付账款（比如因债权人撤销等原因而产生无法支付的应付账款），应按其账面余额计入营业外收入，借记“应付账款”科目，贷记“营业外收入”科目。

【例6-6】 2×19年12月31日，丁企业确定一笔应付账款4 000元为无法支付的款项，应予转销。该企业的有关会计分录如下：

借：应付账款　　4 000

　贷：营业外收入——其他　　4 000

第二节　从审计角度看应付账款

应付账款是企业在正常经营过程中，因购买材料、商品和接受劳务供应等经营活动而应付给供应单位的款项。可见应付账款是随着企业赊购交易的发生而发生的，注册会计师应结合赊购交易进行应付账款的审计。

一、应付账款的审计目标

应付账款的审计目标一般包括以下几方面。

1. 确定资产负债表中记录的应付账款是否存在。

2. 确定所有应当记录的应付账款是否均已记录。

3. 确定资产负债表中记录的应付账款是被审计单位应当履行的现实义务。

4. 确定应付账款期末余额是否正确，应付账款是否以恰当的金额包括在财务报表中，与之相关的计价调整已恰当记录。

5. 确定应付账款已按照企业会计准则的规定在财务报表中作出恰当的列报。

二、应付账款的实质性程序

1. 获取或编制应付账款明细表。

（1）复核加计正确，并与报表数、总账数和明细账合计数核对是否相符。

（2）检查非记账本位币应付账款的折算汇率及折算是否正确。

（3）分析出现借方余额的项目，查明原因，必要时，作重分类调整。

（4）结合预付账款等往来项目的明细余额，调查有无同挂的项目、异常余额或与购货无关的其他款项（如关联方账户或雇员账户），如有，应做出记录，必要时作调整。

2. 根据被审计单位实际情况，选择以下方法对应付账款执行实质性分析程序。

（1）将期末应付账款余额与期初余额进行比较，分析波动原因。

（2）分析长期挂账的应付账款，要求被审计单位做出解释，判断被审计单位是否缺乏偿债能力或利用应付账款隐瞒利润；并注意其是否可能无须支付，对确实无须支付的应付款的会计处理是否正确，依据是否充分；关注账龄超过 3 年的大额应付账款在资产负债表日后是否偿还，检查偿还记录、单据及披露情况。

（3）计算应付账款与存货的比率，应付账款与流动负债的比率，并与以前年度相关比率对比分析，评价应付账款整体的合理性。

（4）分析存货和营业成本等项目的增减变动，判断应付账款增减变动的合理性。

3. 函证应付账款。一般情况下，并不必须函证应付账款，这是因为函证不能保证查出未记录的应付账款，况且注册会计师能够取得采购发票等外部凭证来证实应付账款的余额。但如果控制风险较高，某应付账款明细账户金额较大或被审计单位处于财务困难阶段，则应进行应付账款的函证。

在进行函证时，注册会计师应选择较大金额的债权人，以及那些在资产负债表日金额不大，甚至为零，但为企业重要供货人的债权人，作为函证对象。函证最好采用积极函证方式，并具体说明应付金额。同应收账款的函证一样，注册会计师必须对函证的过程进行控制，要求债权人直接回函，并根据回函情况编制与分析函证结果汇总表，对未回函的，应考虑是否再次函证。

如果存在未回函的重大项目，注册会计师应采用替代审计程序。比如，可以检查决算日后应付账款明细账及库存现金和银行存款日记账，核实其是否已支付，同时检查该笔债务的相关凭证资料，如合同、发票、验收单，核实应付账款的真实性。

4. 检查应付账款是否计入正确的会计期间，确定是否存在未入账的应付账款。

（1）检查债务形成的相关原始凭证，如供应商发票、验收报告或入库单等，查找有无未及时入账的应付账款，确定应付账款期末余额的完整性。

（2）检查资产负债表日后应付账款明细账贷方发生额的相应凭证，关注其购货发票的日期，确认其入账时间是否合理。

（3）获取被审计单位与其供应商之间的对账单（应从非财务部门，如采购部门获取），并将对账单和被审计单位财务记录之间的差异进行调节（如在途款项、在途货物、付款折扣、未记录的负债等），查找有无未入账的应付账款，确定应付账款金额的准确性。

（4）针对资产负债表日后付款项目，检查银行对账单及有关付款凭证

（如银行划款通知、供应商收据等），询问被审计单位内部或外部的知情人员，查找有无未及时入账的应付账款。

（5）结合存货监盘程序，检查被审计单位在资产负债日前后的存货入库资料（验收报告或入库单），检查是否有大额料到单未到的情况，确认相关负债是否计入了正确的会计期间。

如果注册会计师通过这些程序发现某些未入账的应付账款，应将有关情况详细记入工作底稿，然后根据其重要性确定是否需建议被审计单位进行相应的调整。

5. 针对已偿付的应付账款，追查至银行对账单、银行付款单据和其他原始凭证，检查其是否在资产负债表日前真实偿付。

6. 针对异常或大额交易及重大调整事项（如大额的购货折扣或退回，会计处理异常的交易，未经授权的交易，或缺乏支持性凭证的交易等），检查相关原始凭证和会计记录，以分析交易的真实性、合理性。

7. 检查带有现金折扣的应付账款是否按发票上记载的全部应付金额入账，在实际获得现金折扣时再冲减财务费用。

8. 被审计单位与债权人进行债务重组的，检查不同债务重组方式下的会计处理是否正确。

9. 标明应付关联方［包括持5%以上（含5%）表决权股份的股东］的款项，执行关联方及其交易审计程序，并注明合并报表时应予抵销的金额。

10. 检查应付账款是否已按照企业会计准则的规定在财务报表中作出恰当列报。一般来说，“应付账款”项目应根据“应付账款”和“预付账款”科目所属明细科目的期末贷方余额的合计数填列。

如果被审计单位为上市公司，则通常在其财务报表附注中应说明有无欠持有5%以上（含5%）表决权股份的股东单位账款；说明账龄超过3年的大额应付账款未偿还的应付款项，并在期后事项中反映资产负债表日后是否偿还。

应付账款违规操作的检查思路及方法具体见下表。

应付账款违规操作	1	检查思路	应付账款有关账户金额账账不符
		具体表现	企业“应付账款”总账账户余额与明细账余额之和不符
			“应付账款”账户余额与债权人“应收账款”账户余额不符
		查账方法	核对“应付账款”账户及其有关账户记录，如有疑点应进一步查证
	2	检查思路	销货退回不冲减应付账款
		具体表现	企业购入货物退货时故意不冲减相应欠款或货款，利用购货退回或假购进货物，贪污货款
		查账方法	检查“退货登记簿”的退货记录，并以此记录对照检查“应付账款”账户的贷方余额，看是否相应减少，然后查明减少数是否由“银行存款”，或“现金”账户列支
	3	检查思路	企业通过“应付账款”账户藏匿销售收入
		具体表现	企业为了隐匿收入以减少税负，对已经实现的销售收入，不贷记有关收入账户，而在“应付账款”中记录
		查账方法	审核“应付账款”账户及其有关账户的记录，审核相关业务的原始凭证，进行查证
	4	检查思路	虚列“应付账款”数额
		具体表现	企业将不属于应付账款范围的开支列入“应付账款”账户，虚列到该账项，然后再做转销或转账处理，从而达到各种不正当目的
		查账方法	审阅“应付账款”明细账，检查企业有无虚设明细账，将非法支出列入该明细账上；检查该账户有无反常方向余额。审阅账户发现疑点后，再抽调会计凭证，通过账证核对查证问题
	5	检查思路	利用应付账款，贪污现金折扣
		具体表现	会计人员对于规定期内支付的应付账款，在付款期内付款时，对享有的现金折扣不予以扣除，按发票原价支付货款，然后从债权人处取得退款支票或现金
		查账方法	审核有关明细账户内记载的采购、付款时间以及有关采购计划和合同，查证企业有无利用应付账款，贪污现金折扣的情况

三、应付账款违规操作的检查思路及方法

1. 应付账款有关账户金额账账不符

主要表现为：企业“应付账款”总账账户余额与明细账余额之和不符；“应付账款”账户余额与债权人“应收账款”账户余额不符。

具体的查账方法为：核对“应付账款”账户及其有关账户记录，如有疑点应进一步查证。

2. 销货退回不冲减应付账款

主要表现为：企业购入货物退货时故意不冲减相应欠款或货款，利用购货退回或假购进货物，贪污货款。

具体的查账方法为：检查“退货登记簿”的退货记录，并以此记录对照检查“应付账款”账户的贷方余额，看是否相应减少，然后查明减少数是否由“银行存款”，或“现金”账户列支。

3. 企业通过“应付账款”账户藏匿销售收入

主要表现为：企业为了隐匿收入以减少税负，对已经实现的销售收入，不贷记有关收入账户，而在“应付账款”中记录。

具体的查账方法为：审核“应付账款”账户及其有关账户的记录，审核相关业务的原始凭证，进行查证。

4. 虚列“应付账款”数额

主要表现为：企业将不属于应付账款范围的开支列入“应付账款”账户，虚列到该账项，然后再做转销或转账处理，从而达到各种不正当目的。

具体的查账方法为：审阅“应付账款”明细账，检查企业有无虚设明细账，将非法支出列入该明细账上；检查该账户有无反常方向余额。审阅账户发现疑点后，再抽调会计凭证，通过账证核对查证问题。

5. 利用应付账款，贪污现金折扣

主要表现为：会计人员对于规定期内支付的应付账款，先按总价借记“材料采购”，贷记“应付账款”，在付款期内付款时，对享有的现金折扣不予以扣除，按发票原价支付货款，然后从债权人处取得退款支票或现金。

具体的查账方法为：审核有关明细账户内记载的采购、付款时间以及有关采购计划和合同，查证企业有无利用应付账款，贪污现金折扣的情况。

四、应付账款违规操作的参考案例

【参考案例一】 虚列“应付账款”

1. 疑点

查账人员审查某公司2×20年5月“应付账款——A公司”明细账时发现有一笔记录的摘要含糊不清，且未从A公司采购任何货物。怀疑其为虚列。

2. 查证

调阅5月15日的21号记账凭证，会计分录为：

借：银行存款　　508 500

　　贷：应付账款　　508 500

而记账凭证中的附件是一张银行解缴单及销售发票记账联，其中销售金额450 000元，增值税58 500元，进一步查询后该公司财会人员承认是将销售作为应付账款处理。

3. 问题

某公司为隐瞒利润少交税款，将销售收入508 500元隐匿在“应付账款”账户中。

4. 调账

借：应付账款——A公司　　508 500

　　贷：主营业务收入　　450 000

　　　　应交税费——应交增值税（销项税额）　　58 500

【参考案例二】 隐瞒应付账款

1. 疑点

2×20年年初，查账人员在审查某公司的应付账款业务时，发现该公司应付账款余额比上一年度同期有明显减少的现象。

2. 查证

经过调查该公司的与应付账款业务相关的采购业务并询问有关当事人，得知该公司有100万元材料已验收入库，货款尚未支付，但在“应付账款”账户和“原材料”账户中并没有记录。

3. 问题

按照规定，企业在收到所购货物后，应及时将未付的款项计入“应付账款”。该企业对该项业务不做应付账款增加的会计处理，这样就隐瞒了企业的负债，歪曲了企业的财务状况。

4. 调账

根据上述情况，查账人员建议该公司做如下调整分录：

（1）借：原材料	1 000 000	
应交税费——应交增值税（进项税额）	130 000	
贷：应付账款		1 130 000

（2）支付货款时做如下会计分录：

借：应付账款	1 130 000	
贷：银行存款		1 130 000

第七章　其他应付款

第一节　从会计角度看其他应付款

一、其他应付款的概念

其他应付款是指企业除应付票据、应付账款、预收账款、应付职工薪酬、应交税费、应付股利等经营活动以外的其他各项应付、暂收的款项，如应付租入包装物租金、存入保证金等。具体包括：应付经营租入固定资产和包装物租金；职工未按期领取的工资；存入保证金；应付、暂收所属单位、个人的款项；其他应付、暂收款项。

二、其他应付款的账务处理

企业应通过“其他应付款”科目，核算其他应付款的增减变动及其结存情况，并按照其他应付款的项目和对方单位（或个人）设置明细科目进行明细核算。该科目贷方登记发生的各种应付、暂收款项，借方登记偿还或转销的各种应付、暂收款项；该科目期末贷方余额，反映企业应付未付的其他应付款项。

企业发生其他各种应付、暂收款项时，借记“银行存款”“管理费用”等科目，贷记“其他应付款”科目；支付或退回其他各种应付、暂收款项时，借记“其他应付款”科目，贷记“银行存款”等科目。

企业发生其他各种应付、暂收款项时：	支付或退回其他各种应付、暂收款项时：
借：银行存款、管理费用 　　贷：其他应付款	借：其他应付款 　　贷：银行存款

【例7－1】 甲公司从2×19年1月1日起，以经营租赁方式租入管理用办公设备一批，每月租金5 000元，按季支付。3月31日，甲公司以银行存款支付应付租金。甲公司的有关会计分录如下：

（1）1月31日计提应付经营租入固定资产租金：

借：管理费用　5 000

　　贷：其他应付款　5 000

2月底计提应付经营租入固定资产租金的会计处理同上。

（2）3月31日支付租金：

借：其他应付款　10 000

　　管理费用　5 000

　　贷：银行存款　15 000

第二节　从审计角度看其他应付款

一、其他应付款的审计目标

其他应付款的审计目标一般包括以下几方面。

1. 确定资产负债表中记录的其他应付款是否存在。

2. 确定所有应当记录的其他应付款是否均已记录。

3. 确定记录的其他应付款是否为被审计单位应当履行的现时义务。

4. 确定其他应付款是否以恰当的金额包括在财务报表中，与之相关的计价调整是否已恰当记录。

5. 确定其他应付款是否已按照企业会计准则的规定在财务报表中作出恰当列报。

二、其他应付款的实质性程序

其他应付款的实质性程序通常包括以下几个步骤。

1. 获取或编制其他应付款明细表，复核加计是否正确，并与报表数、总账数和明细账合计数核对是否相符；分析有借方余额的项目，查明原因，必要时作重分类调整；结合应付账款、其他应付款明细余额，查明有否双方同时挂账的项目，核算内容是否重复，必要时作重分类调整；标出应付关联方（包括持股5%以上的股东）的款项，并注明合并报表时应抵销的金额。

2. 请被审计单位协助，在其他应付款明细表上标出截至审计日已支付的其他应付款项，抽查付款凭证、银行对账单等，并注意这些凭证发生日期的合理性。

3. 判断选择一定金额以上和异常的明细余额，检查其原始凭证，并考虑向债权人发函询证。

4. 对非记账本位币结算的其他应付款，检查其折算汇率是否正确。

5. 审核资产负债表日后的付款事项，确定有无未及时入账的其他应付款。

6. 检查长期未结的其他应付款，并作妥善处理。

7. 检查其他应付款中关联方的余额是否正常，如数额较大或有其他异常现象，应查明原因，追查至原始凭证并作适当披露。

8. 检查其他应付款的列报是否恰当。

其他应付款违规操作的检查思路及方法具体见下表。

<table>
<tr><td rowspan="6">其他应付款的违规操作</td><td rowspan="4">1</td><td>检查思路</td><td>将其他项目列入“其他应付款”项目</td></tr>
<tr><td rowspan="2">具体表现</td><td>将出售废旧物资、材料等款项的收入列入“其他应付款”</td></tr>
<tr><td>将商品销售收入的一部分截留在“其他应付款”账户</td></tr>
<tr><td>查账方法</td><td>检查“其他应付款”明细账，检查摘要说明有无模糊不清或没有摘要说明的情况，发现问题的疑点后再抽调会计凭证，进行账证、账账核对；询问有关单位和个人以查证问题是否存在</td></tr>
<tr><td rowspan="2">2</td><td>检查思路</td><td>“其他应付款”长期挂账</td></tr>
<tr><td>查账方法</td><td>检查“其他应付款”明细账，检查长期挂账未清理的记录，并抽调相应的会计凭证，询问有关单位和个人，查证长期挂账的原因</td></tr>
</table>

三、其他应付款违规操作的检查思路及方法

1. 将其他项目列入“其他应付款”项目

主要表现为：将出售废旧物资、材料等款项的收入列入“其他应付款”；将商品销售收入的一部分截留在“其他应付款”账户。

具体的查账方法为：检查“其他应付款”明细账，检查摘要说明有无模糊不清或没有摘要说明的情况，发现问题的疑点后再抽调会计凭证，进行账证、账账核对；询问有关单位和个人以查证问题是否存在。

2. “其他应付款”长期挂账

具体的查账方法为：检查“其他应付款”明细账，检查长期挂账未清理的记录，并抽调相应的会计凭证，询问有关单位和个人，查证长期挂账的原因。

四、其他应付款违规操作的参考案例

【参考案例一】 长期挂账

1. 疑点

查账人员审查某企业2×20年“其他应付款”账户时发现有一笔2×19年10月份因包装物出租给A公司而收到的押金3 000元形成的其他应付款长期挂账，怀疑其会计处理有假。

2. 查证

调出2×19年10月份的16号凭证，会计分录为：

借：银行存款 3 000

　　贷：其他应付款 3 000

经询问公司的当事人，得知这一批包装物已经归还，归还时由于包装物已损坏，便以3 000元押金作赔偿。再询问某企业的当事人证实了这一点。

3. 问题

某企业以遗忘转账为名，截留收入和税款。

4. 调账

借：其他应付款 3 000

　　贷：营业外收入 2 655

　　　　应交税费——应交增值税（销项税额） 345

【参考案例二】 利用其他应付款作弊

1. 疑点

查账人员在审查某企业2×20年5月份“其他应付款”明细账时发现，该企业5月份又增多了两个明细科目，但摘要记录含糊不清，怀疑其会计处理有假。

2. 查证

调出5月8日19号凭证，会计分录为：

借：银行存款　　54 000

　　贷：其他应付款——A公司　　54 000

所附原始凭证为一张收据。

调出5月26日56号凭证，其会计分录为：

借：银行存款　　13 800

　　贷：其他应付款——B公司　　13 800

所附原始凭证同样为一张收据。

询问财会科长，得知这两笔账是销售收入，对这两笔账的会计处理是错的，却是领导的意见。

3. 问题

该企业利用其他应付款截留收入，并以错账掩饰其作弊行为。

4. 调账

借：其他应付款——A公司　　54 000

　　　　　　　——B公司　　13 800

　　贷：主营业务收入　　60 000

　　　　应交税费——应交增值税（销项税额）　　7 800

补交所得税，税率为25%，作如下分录：

借：所得税　　15 000（60 000×25%）

　　贷：应交税费——应交所得税　　15 000

第三节　其他应付款管理实务

一、其他应付款挂账管理

其他应付款挂账主要包括：担保债务、预提的应付未付款项转入、内部关联单位划入资金、内部关联单位代垫资金、来由不明的货币资金、个人集资款、其他应付未付员工的款项等。

1. 单证审核，制作记账凭证

（1）担保债务

单证审核：会计结合担保函（或协议）审核对方单位的催款通知，确认入账依据、金额和真实性、合法合规性。

制作记账凭证：会计在记账凭证上借记“营业外支出——担保赔款”，贷记“其他应付款——××单位”，金额都以“蓝”字入账。

（2）预提的应付未付款项转入

单证审核：会计在年终将“预提费用”科目计提的费用中，已经发生但尚未支付的款项，转入其他应付款。

制作记账凭证：会计借记“预提费用——××费用”，贷记“其他应付款——××单位”，金额都以“蓝”字入账。

（3）内部关联单位划入资金

单证审核：会计审核开户行收款通知或票据，确认入账依据、金额和真实性、合法合规性。

制作记账凭证：会计借记“银行存款——××行账户”，贷记“其他应付款——内部往来——××单位”，金额都以“蓝”字入账。记账凭证交出纳审核办理收款。

（4）内部关联单位代垫资金

单证审核：会计审核代垫款项的有关票证，确认入账依据、金额和真实性、合法合规性。

制作记账凭证：会计借记“管理费用”等相关科目，贷记“其他应付款——内部往来——××单位”金额都以“蓝”字入账。

（5）来由不明的货币资金

单证审核：对于出纳长款，会计审核财务负责人确认单，对于其他资金，会计审核有关凭证，确认入账依据、金额和真实性、合法合规性。

制作记账凭证：会计借记“现金”或相关科目，贷记“其他应付款——出纳长款”，金额都以“蓝”字入账。记账凭证交出纳审核办理收款。

（6）个人集资款

单证审核：会计审核集资文件和现金，确认入账依据、金额和真实性、合法合规性。

制作记账凭证：会计借记“现金”，贷记“其他应付款——集资款”，金额都以“蓝”字入账。记账凭证交出纳审核办理收款。

2. 其他应付款挂账分析报告

企业其他应付款挂账分析报告一般一式三份，经财务负责人审核后，一份由往来账会计自留，另两份分别上交财务负责人和财务总监。

3. 其他应付款挂账实例

（1）担保债务

实例：B 公司向 Y 公司购买货物，Y 公司要求提供担保，A 公司为 B 公司担保，如果 B 公司在合同约定期限内不能支付货款 200 000 元，由 A 公司偿付。2018 年 6 月 8 日因 B 公司到期不能付款，Y 公司向 A 公司发出通知，要求偿付 B 公司所欠购货款 200 000 元。

账务处理：A 公司会计结合担保协议，审核索债通知和企业领导批示，无误后，借记“营业外支出——担保债务 200 000”，贷记“其他应付款——Y 公司 200 000”，将索债通知作为原始凭证入账。

登记账簿时，会计在其他应付款账簿设置“Y 公司”账户，用于核算应付的往来款。

（2）预提的应付未付款项

实例：G 公司每月按照租房合同计提房租费和水电费，2001 年因公司资金紧张，已经计提的 6—12 月房租和水电费合计 65 000 元未能支付给 F 物业公司，年终结账时会计从预提费用转入其他应付款。

账务处理：会计借记“预提费用——房租水电费 65 000”，贷记“其他应付款——F 物业公司 65 000”。

登记账簿时，在其他应付款账簿设置“F 物业公司”账户，用于核算应付的往来款。

(3) 内部关联单位划入资金

实例：B公司是A公司的子公司，2001年8月3日经集团内部财务公司，从A公司划给B公司5 000 000元，用于B公司采购出口商品。

账务处理：会计结合内部资金申请单审核开户行收款通知，制作记账凭证，借记“银行存款——Y行账户500 000”，贷记“其他应付款——内部往来——A公司500 000”，内部资金申请单和开户行收款通知作为原始凭证入账。记账凭证交出纳办理收款。

登记账簿时，会计将上述业务过入其他应付款账簿“A公司”账户，用于核算应付的往来款。

(4) 内部关联单位代垫资金

实例：A公司和B公司是母子公司，B公司2018年3月5日采购原材料需资金234 000元，但是B公司资金不足，经与A公司协商，由A公司代垫货款，3月6日A公司向供货商电汇234 000元。

账务处理：B公司会计结合代垫款申请文件审核“付款确认通知单”，审核无误后，进行下列账务处理：

制作记账凭证时，借记“原材料——××材料200 000”，借记“应交税费——应交增值税（进项税额）34 000”，贷记“其他应付款——内部往来——A公司234 000”，将代垫款申请文件和“付款确认通知单”作为原始凭证贴在记账凭证后面入账。

登记账簿时，会计将上述业务过入其他应付款账簿“A公司”账户核算。

(5) 来由不明的货币资金

实例：2018年2月9日A公司出纳盘点库存现金，发现多出现金50元，出纳填写“库存现金长（短）款申报单”，经财务经理审核后办理入账。

账务处理：会计审核“库存现金长（短）款申报单”，制作记账凭证，借记“现金50”，贷记“其他应付款——出纳长款50”，“库存现金长（短）款申报单”作为原始凭证入账。

登记账簿时，会计将上述业务过入其他应付款账簿“出纳长款”账户核算。

(6) 个人集资款

实例：MN公司资金紧张，无力扩大经营，经公司董事会决议，向公司员工借款集资，并制订了员工借款集资文件。2018年7月8日，员工V交来集资款2 000元。

账务处理：会计审核集资文件，制作记账凭证，借记“现金2 000”，贷记“其他应付款——集资款——员工V 2000”，记账凭证交出纳办理收款。

登记账簿时，在其他应付款账簿设置“集资款”账户，用于核算应付的往来款。

二、其他应付款销账管理

其他应付款销账主要包括：企业支付担保债务、支付预提的应付未付款项、偿还内部关联单位划入资金、偿还内部关联单位代垫资金、年终来由不明的货币资金转收入、归还个人集资款、支付其他应付未付员工的款项等。

1. 单证审核，制作记账凭证

（1）企业支付担保债务

单证审核：会计审核“付款审批单”，确认入账依据、金额和合法合规性，并签署付款意见，经财务负责人审核确认后，交企业领导审批，会计依据企业领导的审批制作凭证入账。

制作记账凭证：会计借记“其他应付款——××单位”，贷记“银行存款——××行账户”，金额都以“蓝”字入账。会计审核出纳填写的银行付款单证或票据，并加盖“财务章”。

（2）支付预提的应付未付款项

单证审核：会计审核“付款审批单”，确认入账依据、金额和合法合规性，并签署付款意见，经财务负责人审核确认后，交企业领导审批，会计依据企业领导的审批制作凭证入账。

制作记账凭证：会计借记“其他应付款——××单位”，贷记“银行存——××行账户”，金额都以“蓝”字入账。会计审核出纳填写的银行付款单证或票据，并加盖“财务章”。

（3）偿还内部关联单位划入资金

单证审核：会计审核“付款审批单”，确认入账依据、金额和合法合规性，并签署付款意见，经财务负责人审核确认后，交企业领导审批，会计依据企业领导的审批制作凭证入账。

制作记账凭证：会计借记“其他应付款——内部往来××单位”，贷记“银行存款——××行账户”，金额都以“蓝”字入账。会计审核出纳填写的银行付款单证或票据，并加盖“财务章”。

（4）偿还内部关联单位代垫资金

单证审核：会计审核“付款审批单”，确认入账依据、金额和合法合规性，并签署付款意见，经财务负责人审核确认后，交企业领导审批，会计依据企业领导的审批制作凭证入账。

制作记账凭证：会计借记“其他应付款——内部往来——××单位”，贷记“银行存款——××行账户”，金额都以“蓝”字入账。记账凭证交出纳审核办理付款，会计审核出纳填写的银行付款单证或票据，并加盖“财务章”。

（5）年终来由不明的货币资金转收入

单证审核：会计在年终时依法将来由不明的货币资金挂账转入营业外收入。

制作记账凭证：会计借记“其他应付款——出纳长款”，贷记“营业外收入——出纳长款”，金额都以“蓝”字入账。

（6）归还个人集资款

单证审核：会计审核“付款审批单”，确认入账依据、金额和合法合规性，并签署付款意见，经财务负责人审核确认后，交企业领导审批，会计依据企业领导的审批制作凭证入账。

制作记账凭证：会计借记“其他应付款——集资款”，借记“财务费用——利息”，贷记“现金”，金额都以“蓝”字入账。记账凭证交出纳审核办理付款。

2. 其他应付款销账分析报告

企业其他应付款销账分析报告一般一式三份，经财务负责人审核后，一份由往来账会计自留，另两份分别上交企业财务负责人和财务总监。

账务处理：会计审核“付款审批单”，制作记账凭证，借记“其他应付款——内部往来——A 公司 5 000 000”，贷记“银行存款——S 行账户 500 000”，“付款审批单”作为原始凭证入账。记账凭证交出纳办理付款。

登记账簿时，将上述业务过入其他应付款账簿“A 公司”账户，用于核销应付的往来款。

（1）来由不明的货币资金转收入

实例：2018 年 2 月 9 日 A 公司发生的出纳长款到年终仍然不明来由时，会计依法结转收入。

账务处理：会计借记“其他应付款——出纳长款 50”，贷记“营业外收入——出纳长款 50”。

登记账簿时，会计将上述业务过入其他应付款账簿“出纳长款”户，核销应付的往来款。

（2）归还个人集资款

实例：MN 公司员工借款集资到期时，按员工借款集资文件规定归还集资款本息时，公司付给员工 V 集资款本息 2 500 元。

账务处理：会计结合集资文件审核“付款审批单”，制作记账凭证，借记“其他应付款——集资款——员工 V 2000”，借记“财务费用——利息 500”，贷记“现金 2 500”，记账凭证交出纳办理付款。

登记账簿时，将上述款项过入其他应付款账簿“集资款”账户，用于核销应付的往来款。

三、其他应付款账簿管理

其他应付款账簿过账“摘要”和会计核算要求，参见应收账款相关内容。

1. 建立核算账户

企业发生其他应付款挂账业务，会计在建账核算时，通常在其他应付款科目下按类别设置子科目账户，例如：担保债务、内部往来、个人集资款、其他等，在需要时，在子科目账户下设二级子科目，并单独设账页，用于记录和核算其他应付款。当企业向对方单位或个人交支付款项时，会计在此已设的账户下逐笔核销往来账款。通常，当年内，在该子科目账户销户前，发生的后续其他应付款挂账也在此子科目账户下核算。

第八章　预收账款

第一节　从会计角度看预收账款

一、预收账款的概念

预收账款是指企业按照合同规定向购货单位预收的款项。与应付账款不同，预收账款所形成的负债不是以货币偿付，而是以货物偿付。

二、预收账款的科目设置

企业应通过“预收账款”科目，核算预收账款的取得、偿付等情况。“预收账款”科目核算企业与购货单位或个人所签订的合同中明确的预收账款或定金；企业出口商品，预收国外客户的外汇货款或定金，也在“预收账款”科目核算，也可增设“预收外汇账款”科目进行核算。该科目贷方登记发生的预收账款数额和购货单位补付账款的数额，借方登记企业向购货方发货后冲销的预收账款数额和退回购货方多付账款的数额；余额一般在贷方，反映企业向购货单位预收的款项但尚未向购货方发货的数额，如为借方余额，反映企业应收的款项。企业应当按照购货单位设置明细科目进行明细核算。预收货款业务不多的企业，可以不单独设置“预收账款”科目，其所发生的预收货款，可通过“应收账款”科目的贷方核算。

三、预收账款的账务处理

企业预收购货单位的款项时，借记“银行存款”科目，贷记“预收账款”科目；销售实现时，按实现的收入和应交的增值税销项税额，借记“预收账款”科目，按照实现的营业收入，贷记“主营业务收入”科目，按照增值税专用发票上注明的增值税税额，贷记“应交税费——应交增值税（销项税额）”等科目；企业收到购货单位补付的款项，借记“银行存款”科目，贷记“预收账款”科目；向购货单位退回其多付的款项时，借记“预收账款”科目，贷记“银行存款”科目。

【例8-1】 甲公司为增值税一般纳税人。2×20年6月3日，甲公司与乙公司签订供货合同，向其出售一批产品，货款金额共计100 000元，应交增值税13 000元。根据购货合同的规定，乙公司在购货合同签订后一周内，应当向甲公司预付货款60 000元，剩余货款在交货后付清。2×20年6月9日，甲公司收到乙公司交来的预付货款60 000元并存入银行，6月19日甲公司将货物发到乙公司并开出增值税专用发票，乙公司验收后付清了剩余货款。甲公司的有关会计分录如下：

（1）6月9日收到乙公司交来预付货款60 000元：

借：银行存款	60 000	
贷：预收账款——乙公司		60 000

（2）6月19日按合同规定，向乙公司发出货物：

借：预收账款——乙公司	113 000	
贷：主营业务收入		100 000
应交税费——应交增值税（销项税额）		13 000

（3）收到乙公司补付的货款：

借：银行存款	53 000	
贷：预收账款		53 000

【例8-2】 承【例8-1】的资料，假设甲公司不设置“预收账款”科目，通过“应收账款”科目核算有关业务。甲公司的有关会计分录如下：

（1）6月9日收到乙公司交来的预付货款60 000元：

借：银行存款　　60 000
　　贷：应收账款——乙公司　　60 000
（2）6 月 19 日向乙公司发出货物：
借：应收账款——乙公司　　113 000
　　贷：主营业务收入　　100 000
　　　　应交税费——应交增值税（销项税额）　　13 000
（3）收到乙公司补付的货款：
借：银行存款　　53 000
　　贷：应收账款——乙公司　　53 000

第二节　从审计角度看预收账款

预收款项是在企业销售交易成立以前，预先收取的部分货款。由于预收款项是随着企业销售交易的发生而发生的，注册会计师应结合企业销售交易对预收款项进行审计。

一、预收账款审计目标

预收款项的审计目标一般包括以下几方面。

1. 确定资产负债表中记录的预收账款是否存在。

2. 确定所有应当记录的预收账款是否均已记录，确定记录的预收账款是否是被审计单位应当履行的现时义务。

3. 确定预收账款是否以恰当的金额包括在财务报表中，与之相关的计价调整是否已恰当记录。

4. 确定预收账款是否已按照企业会计准则的规定在财务报表中作出恰当列报。

二、预收账款的实质性程序

1. 获取或编制预收款项明细表，并进行以下检查。

（1）复核加计是否正确，并与报表数、总账数和明细账合计数核对是否相符。

（2）以非记账本位币结算的预收账款，检查其采用的折算汇率及折算是否正确。

（3）检查是否存在借方余额，必要时进行重分类调整。

（4）结合应收账款等往来款项目的明细余额，检查是否存在应收、预收两方挂账的项目，必要时做出调整。

（5）标识重要客户。

2. 请被审计单位协助，在预收款项明细表上标出截至审计日已转销的预收款项，对已转销金额较大的预收款项进行检查，核对记账凭证、仓库发货单、货运单据、销售发票等，并注意这些凭证日期的合理性。

3. 抽查预收账款有关的销货合同、仓库发货记录、货运单据和收款凭证，检查已实现销售的商品是否及时转销预收账款，确定预收账款期末余额的正确性和合理性。

4. 选择预收款项的若干重大项目函证，根据回函情况编制函证结果汇总表。

函证测试样本通常应考虑选择大额或账龄较长的项目、关联方项目以及主要客户项目。对于回函金额不符的，应查明原因并做出记录或建议作适当调整；对于未回函的，应再次函证或通过检查资产负债表日后已转销的预收款项是否与仓库发运凭证、销售发票相一致等替代程序，确定其是否真实、正确。

5. 检查预收账款长期挂账的原因，并作出记录，必要时提请被审计单位予以调整。检查账龄超过 1 年的预收款项未结转的原因并做出记录。

6. 对预收款项中按税法规定应预缴税费的预收销售款，结合应交税费项目检查是否及时、足额缴纳有关税费。

7. 通过货币资金的期后测试，以确定预收账款是否已计入恰当期间。

8. 标明预收关联方（包括持股 5% 以上（含 5%）股东）的款项，执行关联方及其交易审计程序，并注明合并报表时应予抵销的金额。

9. 检查预收款项的列报是否恰当。

如果被审计单位是上市公司，其财务报表附注通常应披露持有其 5% 以上（含 5%）股份的股东单位账款情况，并说明账龄超过 1 年的预收款项未结转的原因。

三、预收账款违规操作的检查思路及方法

1. 利用预收账款业务欺骗购货单位或消费者的查账方法

检查购销合同，查明是否按合同规定预收货款；检查供货单位有无按合同规定的商品的生产能力，在规定的期限内能否按期发货。

2. 尚未结清的预收账款与合同或协议不相符，超出规定的期限仍未交货、仍未提供劳务的查账方法

核对“预收账款”明细账与双方签订的合同或协议，分析是否相符，有无超出规定期限尚未发货或按规定退回多收的预收账款的现象。

3. 利用“预收账款”账户进行舞弊的查账方法

检查“预收账款”明细账，将摘要未写或摘要内容模糊不清，无购销合同或预收的货款与合同不符等的记录与其会计凭证核对，检查其有无合法齐全的原始凭证，从而查证问题。

4. 利用“预收账款”截留收入的查账方法

检查“预收账款”减少的记录时，应同时检查是否反映收入。如果没有反映收入，应调阅原始凭证，查明账户之间的对应关系，找出问题所在。

预收账款违规操作的检查思路及方法具体见下表。

<table>
<tr><td rowspan="6">预收账款违规操作</td><td rowspan="2">1</td><td>检查思路</td><td>利用预收账款业务欺骗购货单位或消费者的查账方法</td></tr>
<tr><td>查账方法</td><td>检查购销合同，查明是否按合同规定预收货款；检查供货单位有无按合同规定的商品的生产能力，在规定的期限内能否按期发货</td></tr>
<tr><td rowspan="2">2</td><td>检查思路</td><td>尚未结清的预收账款与合同或协议不相符，超出规定的期限仍未交货、仍未提供劳务的查账方法</td></tr>
<tr><td>查账方法</td><td>核对“预收账款”明细账与双方签订的合同或协议，分析是否相符，有无超出规定期限尚未发货或按规定退回多收的预收账款的现象</td></tr>
<tr><td rowspan="2">3</td><td>检查思路</td><td>利用“预收账款”账户进行舞弊的查账方法</td></tr>
<tr><td>查账方法</td><td>检查“预收账款”明细账，将摘要未写或摘要内容模糊不清，无购销合同或预收的货款与合同不符等的记录与其会计凭证核对，检查其有无合法齐全的原始凭证，从而查证问题</td></tr>
</table>

续上表

预收账款违规操作	4	检查思路	利用“预收账款”截留收入的查账方法
		查账方法	检查“预收账款”减少的记录时，应同时检查是否反映收入。如果没有反映收入，应调阅原始凭证，查明账户之间的对应关系，找出问题所在

四、预收账款违规操作的参考案例

【参考案例一】 预收账款截留收入

1. 疑点

查账人员审查某公司2×20年“预收账款”明细账时，发现2×20年8月11日23号凭证预收甲公司货款8万元，合同规定发出商品为9月11日，但该项预收账款截至12月25日尚未结转。

2. 查证

调阅23号凭证，其会计分录为：

借：银行存款　　80 000

　　贷：预收账款——甲公司　　80 000

其原始凭证为进账单并附合同一份。合同付货期为9月11日。查账人员审查产成品明细账时发现9月7日发出产品100件，每件600元。调阅原始凭证，承运单注明发往甲公司，会计分录为：

借：应收账款——甲公司　　60 000

　　贷：产成品　　60 000

3. 问题

该公司在采用预收账款销售时，发出商品未反映销售收入，从而隐瞒收入，少交税金。

4. 调账

该公司预收的货款应在发出产品时确认为主营业务收入。已收到甲公司的预收货款为80 000元，说明甲公司少支付10 400元的预收货款，应催其补付。会计分录为：

借：预收账款——甲公司　　90 400

　　贷：主营业务收入　　80 000

　　　　应交税费——应交增值税（销项税额）　　10 400

交纳所得税（税率为25%）的会计分录为：

借：主营业务收入　　80 000

　　贷：本年利润　　80 000

借：本年利润　　60 000

　　贷：主营业务成本　　60 000

借：所得税费用　　5 000（20 000×25%）

　　贷：应交税费——应交所得税　　5 000

【参考案例二】 销售收入错作预收账款

1. 疑点

查账人员将某公司2×20年4月的“预收账款”明细账与销售合同核对，发现“预收账款——乙公司”无销售合同。在摘要中也无注明发货日期或偿还期，怀疑其为非法收入。

2. 查证

调阅4月18号凭证，会计分录为：

借：银行存款　　6 000

　　贷：预收账款——乙公司　　6 000

原始凭证附进账单和发货票。询问经办人员，得知该笔收入为盘盈产品的销售收入。

3. 问题

被查单位收取的销售款不反映主营业务收入，从而隐瞒收入，少交税金。

4. 调账

应将预收账款调整为主营业务收入，其分录为：

借：预收账款——乙公司　　6 780

　　贷：主营业务收入　　6 000

　　　　应交税费——应交增值税（销项税额）　　780

▶小案例◀

房地产商的收入到哪里去了

房地产企业报出2002年第三季度报告的时候，很多市场人士都大吃一惊，因为在全国2002年头三个季度房地产市场热潮滚滚的情况下，许多房地产公司三个季度的业绩还不到去年全年业绩的一半，按照中国传统“时间过半、任务过半”的经济思维，这些公司岂不是年境堪忧？但我们如果考察这些公司的资产负债表，会发现在“预收账款”这个科目下囤积了大量的资金，原来，房地产商赚的钱暂时放在了这里。相信到了年末的时候，随着预收账款转为收入，这些公司第四季度体现的利润要比前三个季度要好，具体数据如表8－1所示。

表8－1　根据2002年第三季度财务数据计算的部分房地产公司预收账款及相关数据

公司简称	预收账款	主营业务收入	净利润	预收账款/收入
万科A	921 372 914	2 354 480 156	187 079 505	39.13%
金融街	228 105 334	451 912 426	85 097 545	50.48%
浦东金桥	303 622 071	430 151 086	98 220 911	70.58%
中华企业	712 648 879	975 954 468	73 873 440	73.02%
中远发展	263 721 206	258 966 422	67 138 708	101.84%
陆家嘴	1 587 972 163	929 332 406	195 362 640	170.87%
金地集团	535 657 182	222 752 868	2 919 140	240.47%
阳光股份	523 745 000	151 715 000	2 861 000	345.22%
天鸿宝业	917 666 172	152 635 121	5 923 799	601.22%
莱茵置业	18 847 389	2 995 283	－18 815 329	629.24%

房地产作为一种商品，有其特殊性，表现为制造投入资金大、单

位价值高，因此，房地产的销售往往采取特有的预售模式。但是，从会计确认收入的条件来看，预售时不能确认为收入，只能放在预收账款。这样分析，火热的销售场面为房地产商带来的销售收入在房地产商的会计账簿上是分为两个部分，一是“销售收入”，二是“预收账款”，一为收入，一为负债，二者的界限是房地产收入确认的标准。

房地产销售与工业企业销售商品类似，应按《收入准则》中有关商品销售收入的确认原则进行确认，即商品所有权上的风险和报酬均已转移给买方，卖方不再对商品实施控制，也不再拥有对商品的继续管理权等等。这一确认销售收入的核心标准是风险报酬的转移，采用预售的时候，房地产风险报酬的转移与销售流程及有关法律、经济交易行为的完成状态有关。

房地产开发企业销售中涉及的主要环节包括签订预售合同并预收房款、签订正式销售合同、工程竣工验收合格并交付买方验收确认、收取房款、办理产权证等。在房屋尚未建成竣工前的预先销售，在该房屋交付买方之前，其风险和报酬由开发企业承担；签订正式房屋销售合同从法律意义上讲也只是一种合约，房屋未经买方验收认可，商品所有权上的主要风险和报酬尚未转移给买方，不符合《企业会计准则——收入》的有关规定，此时不能确认收入；购买方取得商品房产权证的环节较为特殊，尽管房地产商品最终是以产权证上权利人主体的更替为所有权变更的主要标志，但由于房地产开发企业在项目开发前根据规定需要支付土地出让金，取得土地使用证，并办理领取预售许可证、在工程获得有关部门竣工验收领取销售许可证、签订正式房屋销售合同，同时向客户收取房款、交付买主办理入住手续的情况后才办理产权过户手续，且产权证的办理涉及房地产管理、土地管理等政府有关部门，办妥产权证书的时间并非开发企业所能控制。如果此时确认收入，会导致收入滞后，同样不符合收入确认原则。所以，尽管房屋产权证书是房屋所有权的标志，但并非是确认收入的必要条件。

那么，预收账款何时才能转化为收入呢？这就需要为风险报酬的转移设定具体标准，综合分析，标准应当有这样三条：一是立契过户手续的完成；二是房屋实物的竣工交付；三是购房者累计付款额达到总房款的一定比例。根据我国目前预售房款支付的市场情况，可将这一比例定为20%～30%。

第三节　预收账款管理实务

一、预收账款管理流程

1. 流程图

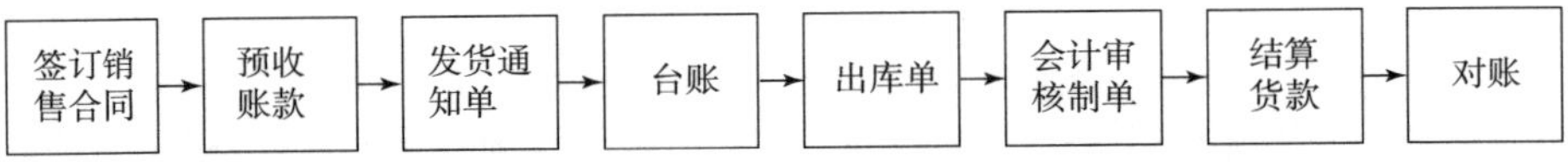

2. 流程说明

（1）适用于企业预收账款管理。

（2）会计参与销售合同文本会签。

（3）销售合同签订后，营销部经办人及时联系收取预收款，并及时通知财务入账。

（4）营销部依据合同约定办理发货，制作“发货通知单”，经会计在“发货通知单”上签字确认后，交给产成品仓库办理出库。

（5）会计在审核“发货通知单”时，登记销售管理台账备案。

（6）审核无误后，仓库经办人开具“出库单”，仓库负责人审核确认，营销部经办人在“出库单”上签收后，仓库经办人将“出库单”中的一联交给营销部备查，一联交给会计审核入账。

（7）会计审核出库单，审核无误后，制作记账凭证入账核算，并在销售管理台账上作记录。

（8）在制作记账凭证时，会计结算合同款，如果预收款少于货款，差额暂挂预收账款，并及时通知营销部经办人依据合同规定办理催收余款；如果预收款多于货款，余款暂挂预收账款账，待客户要求退余款时，依据企业规定的管理程序办理退款。

（9）会计和营销部经办人定期对账，发现不一致时，及时查明情况，并作出处理。

二、预收账款挂账管理

预收账款挂账主要包括预收货款保证金、预收服务费、预收工程款、预收大型设备款等。

1. 审核单证，制作记账凭证

审核单证：企业收到预收款时，会计根据收款方式审核入账。当企业以现金收款时，会计审核“销售收款联系单”和现金实物入账，由出纳具体清点金额。

收进汇票（或本票）时，会计结合“销售收款联系单”审核汇票的收款人或被背书人是否是本单位，背书的连续性，确认票据出票和背书的合法合规性；审核出票日期，确认汇票（或本票）的时效性；审核汇票的大小写金额是否一致，确认正确性；对于区域性银行的票据，审核出票行系统的业务区域，确认票据结算的有效性和合法合规性；审核出纳填写的背书文字、实际结算金额和“进账单”，确认正确性。

收进信汇收款通知单或电汇收款通知单时，会计结合“销售收款联系”审核开户行提交的信汇或电汇收款通知单，确认入账依据和金额。

制作记账凭证：当企业收进货款保证金时，会计在记账凭证上借记“现金”或“银行存款——××行账户”等相关科目，贷记“预收账款——货款保证金——××单位（或个人）”，金额都以“蓝”字入账。记账凭证交出纳办理收款。

当企业收进服务费时，会计在记账凭证上借记“现金”或“银行存款——××行账户”等相关科目，贷记“预收账款——服务费——××单位（或个人）”，金额都以“蓝”字入账。记账凭证交出纳办理收款。

当企业收进工程款时，会计在记账凭证上借记“现金”或“银行存款——××行账户”等相关科目，贷记“预收账款——××工程款——××单位（或个人）”，金额都以“蓝”字入账。记账凭证交出纳办理收款。

当企业收进设备款时，会计在记账凭证上借记“现金”或“银行存款——××行账户”等相关科目，贷记“预收账款——××设备——××单位（或个人）”，金额都以“蓝”字入账。记账凭证交出纳办理收款。

2. 预收账款挂账分析报告

企业预收账款挂账分析报告一般一式三份，经财务负责人审核后，一份由往来账会计自留，另两份分别上交企业负责人和财务总监。

3. 预收账款挂账实例

（1）预收货款保证金

实例：河北华人实业公司与北京红叶公司洽谈购买H图书2 000册，单价25元/册，金额5 000元，红叶公司坚持要求预收货款保证金后发货，经双方商定后，2018年10月8日收到预付保证金58 500元。营销部销售员填写“销售收款联系单”来财务入账。红叶公司销售合同号为BJ2001—XS089。

账务处理：会计结合BJ2001—XS089合同审核“销售收款联系单”和开户行收款通知无误后，进行下列账务处理：

制作记账凭证时，在“摘要”栏填写“BJ2001—XS089预收河北华人公司书款”，在“科目”和“金额”栏分别按总账科目和明细科目、借方和贷方填写分录，即借记“银行存款联系单”和开户行电汇收款通知单作为原始凭证贴在记账凭证后面入账，销售合同按公司管理规定存档备查。

在登记账簿时，如果河北华人公司在账面没有核算账户，往来账会计在预收账款账簿单设账页，建立新户“河北华人公司”，并将上述业务及金额过入账簿核算。

（2）预收服务费

实例：北京红叶公司与北京智浪奇管理咨询所洽谈财务咨询业务，经双方商定，红叶公司预付合同金额的50%服务费后，北京智浪奇所为红叶公司提供约定的财务咨询服务，2018年11月6日，智浪奇所收到红叶公司预付款10 000元。

账务处理：会计结合BJ2001—GZ028合同审核收款支票无误后，进行下列账务处理：

制作记账凭证时，在“摘要”栏填写“BJ2001—GZ028预收北京红叶公司咨询费”，在“科目”和“金额”栏分别按总账科目和明细科目、借方和贷方填写分录，即借记“银行存款——工商行学院路支行1 000”，贷记“预收账款——北京红叶公司1 000”，将记账凭证和收款支票交出纳办理收款。进账单回单作为原始凭证贴在记账凭证后面入账，财务咨询合同按单位管理规定存档备查。

在登记账簿时，如果北京红叶公司在账面没有核算账户，往来账会计在预收账款账簿单设账页，建立新户“北京红叶公司”，并将上述业务及金额过入账簿核算。借记“银行存款——工商行柳叶分理处58 500”，贷记“预收账款——河北华人公司58 500”，将“销售收款联系单”和开户行电汇收款通知单作为原始凭证贴在记账凭证后面入账，销售合同按公司管理规定存档备查。

在登记账簿时，如果河北华人公司在账面没有核算账户，往来账会计在预收账款账簿单设账页，建立新户“河北华人公司”，并将上述业务及金额过入账簿核算。

（3）预收工程款

实例：2001年8月6日河北安家建筑工程公司承包北京红叶公司办公楼建造工程，合同金额5 000 000元，按照HB2001—JZ05合同约定，北京红叶公司在合同签字生效后5日内，预付工程款30%，即1 500 000元。8月11日河北安家建筑工程公司收到预付款，开户行电汇收款通知单1张。

账务处理：会计结合HB2001—JZ05合同，审核开户行电汇收款通知，无误后，进行下列账务处理：

制作记账凭证时，在“摘要”栏填写“HB2001—JZ05预收北京红叶公司工程款”，在“科目”和“金额”栏分别按总账科目和明细科目、借方和贷方填写分录，即借记“银行存款——建行石家庄分行营业部150 000”，贷记“预收账款——办公楼工程北京红叶公司150 000”，将开户行电汇收款通知作为原始凭证贴在记账凭证后面入账，建筑工程合同按公司管理规定存档备查。

在登记账簿时，如果北京红叶公司在账面没有核算账户，往来账会计在预收账款账簿单设账页建立新户“北京红叶公司”，并将上述业务及金额过入账簿。

三、预收账款销账管理

预收账款销账主要包括：发货、提交服务成果、退回合同款、退余款等。

1. 审核单证，制作记账凭证

（1）发货

审核单证：会计结合销售合同审核“出库单”的出库数量、单价和金额，确认入账金额的正确性；审核“出库单”的签字，确认入账依据、合法合规和真实性；审核合同的结算方式确认入账依据和正确性。

制作记账凭证：对于销售商品、提供加工或修理修配劳务，会计在记账凭证上“借记“预收账款——单位（或个人）”，贷记“主营业务收入”，同时贷记“应交税费——应交增值税（销项税额）”；结转成本时，借记“主营业务成本”，贷记“库存商品——××商品”，金额都以“蓝”字入账。

（2）提交服务成果

审核单证：会计结合有关合同审核企业内部有关结算管理单证，确认入账依据、金额、合法合规性、真实性和时效性。

制作记账凭证：对于提供非加工或修理修配劳务，会计在记账凭证上借记“预收账款——××单位（或个人）”，贷记“主营业务收入”，金额都以“蓝”字入账。

（3）退回合同款或余款

审核单证：会计结合有关合同审核客户退款通知函件和企业“付款审批单”，确认入账依据、金额、合法合规性、真实性和时效性。

制作记账凭证：会计在记账凭证上“借记“预收账款——××单位（或个人）”，贷记“现金”或“银行存款——××行账户”等相关科目，金额都以“蓝”字入账。记账凭证交出纳办理付款，会计审核出纳填写的银行付款单证或票据，并签“财务章”。

2. 预收账款销账分析报告

企业预收账款销账分析报告一般一式三份，经财务负责人审核后，一份由往来账会计自留，另两份分别上交企业财务负责人和财务总监。

3. 预收账款销账实例

（1）发货

实例：北京红叶公司 BJ2001—XS089 合同预收河北华人实业公司 H 图书款 58 500 元入账后，2018 年 10 月 20 日华人公司从红叶公司提走 H 图书

2 000 册。红叶公司进价 20 元/册。

账务处理：会计结合 BJ2001—XS089 合同审核“出库单”，无误后，进行下列账务处理：

制作记账凭证时，在“摘要”栏填写“结算 BJ2001—XS089 河北华人公司预付书款”，在“科目”和“金额”栏分别按总账科目和明细科目、借方和贷方填写分录，即借记“预收账款——河北华人公司 58 500”，贷记“主营业务收入 50 000”，贷记“应交税费——应交增值税（销项税额）8 500”；同时结转成本，借记“主营业务成本 40 000”，贷记“库存商品——H 图书 40 000”，将“出库单”作为原始凭证贴在记账凭证后面入账，销售合同按公司管理规定存档备查。

在登记账簿时，往来账会计将上述业务及金额过入应收账款账簿的“河北华人公司”账户下，核销预收的往来款。

（2）提交服务成果

实例：北京智浪奇管理咨询所履行 BJ2001—GZ028 合同约定的义务，11 月 26 日向北京红叶公司提交财务咨询报告书。

账务处理：会计结合 BJ2001—GZ028 合同审核“报告提交审批单”，无误后，进行下列账务处理：

制作记账凭证时，在“摘要”栏填写“结算 BJ2001—GZ028 北京红叶公司预付咨询费”，在“科目”和“金额”栏分别按总账科目和明细科目、借方和贷方填写分录，即借记“预收账款——北京红叶公司 20 000”，贷记“主营业务收入 20 000”，将“报告提交审批单”作为原始凭证贴在记账凭证后面入账，财务咨询服务合同按公司管理规定存档备查。

在登记账簿时，往来账会计将上述业务及金额过入应收账款账簿的“北京红叶公司”账户下，核销预收的往来款。

四、预收账款账簿管理

预收账款账簿过账“摘要”和会计核算要求，参见与应收账款相关内容。

合同约定以预收款方式销售货物或提供劳务，当企业收到对方单位或个人合同款时，会计在建账核算时，通常在预收账款科目下设置子科目账户，例如：“预收账款——北京田螺文化公司”，在需要时，会计在子科目下设二级子科目，并单独设账页，用于记录和核算预收往来账款。当企业向对方单位或个人发出商品或提交服务成果时，会计在此已设的账户下逐笔核销预收的往来账款。通常，当年内，在该子科目账户销户前，发生的后续预收账款挂账也在此子科目账户下核算。

五、预收账款余额账龄分析报告管理

企业预收账款账龄分析报告一般一式三份，经财务负责人审核后，一份由往来账会计自留，另两份分别上交企业财务负责人和财务总监。

第九章 应收票据

第一节 商业汇票

一、应收票据的概念

应收票据作为一种债权凭证，从广义上讲应包括公司持有的、未到期兑现的汇票、本票和支票。但在会计实务中，支票、银行本票及银行汇票均为见票即付的票据。因此公司中的应收票据就是公司持有的、未到期或未兑现的商业汇票。

二、商业汇票的概念

商业汇票是出票人签发的，委托付款人在见票时或者在指定日期，无条件支付确定的金额给收款人或者持票人的票据。在商业汇票关系中，包括三个基本当事人：出票人、付款人和收款人。出票人是签发商业汇票，委托付款人进行付款行为的人；付款人则是商业汇票上载明的、受托承担付款义务的人，在付款人进行承兑后，则成为承兑人；收款人是汇票上载明的、有权持有汇票并接受付款的人，而从收款人处依法受让汇票并取得付款的人，则为持票人。在通常情况下，汇票上所载收款人也就是第一持票人。

商业汇票的付款期限，最长不得超过6个月。定日付款的汇票付款期限自出票日起计算，并在汇票上记载具体到期日；出票后定期付款的汇票付款期限自出票日起按月计算，并在汇票上记载；见票后定期付款的汇票付款期限自承兑或拒绝承兑日起按月计算，并在汇票上记载。商业汇票的提示付款期限，自汇票到期日起 10 日内。符合条件的商业汇票的持票人，可以持未到期的商业汇票连同贴现凭证向银行申请贴现。

票据的分类具体见下表。

票据的分类	按是否带息	带息票据	是指商业汇票到期时，承兑人除向收款人或被背书人支付票面金额外，还应按票面金额和票据规定的利息率支付自票据生效日起至票据到期日止的利息的票据
		不带息票据	是指商业汇票到期时，承兑人只按票面金额向收款人或被背书人支付款项的票据
	按票据承兑人不同	商业承兑汇票	是指由付款人签发并承兑，或由收款人签发交由付款人承兑的汇票
		银行承兑汇票	是指由在承兑银行开立存款账户的存款人（这里也是出票人）签发，由承兑银行承兑的票据
	按照票据是否带有追索权	带追索权的商业汇票	追索权是指持票人在票据到期不获付款或期前不获承兑或有其他法定原因，并在实施行使或保全票据上权利的行为后，可以向其前手请求偿还票据金额、利息及其他法定款项的一种票据权利
		不带追索权的商业汇票	

三、商业汇票的分类

商业汇票有三种分类方法。

（1）按票据是否带息可分为带息票据和不带息票据。

带息票据是指商业汇票到期时，承兑人除向收款人或被背书人支付票面金额外，还应按票面金额和票据规定的利息率支付自票据生效日起至票据到期日止的利息的票据。

不带息票据是指商业汇票到期时，承兑人只按票面金额向收款人或被背书人支付款项的票据。在这一商业汇票中，票面价值一般为本利和，即已将票据的利息计入面值，不另外标有票面利率。不带息票据的到期价值等于应收票据的面值。

（2）按票据承兑人不同可分为商业承兑汇票和银行承兑汇票两种。

承兑是汇票付款人承诺在汇票到期日支付汇票金额的票据行为。商业汇票必须经承兑后方可生效。顾名思义，银行承兑汇票的承兑人是承兑申请人的开户银行，而商业承兑汇票的承兑人是付款人。

商业承兑汇票是指由付款人签发并承兑，或由收款人签发交由付款人承兑的汇票。商业承兑汇票的付款人收到开户银行的付款通知，应在当日通知银行付款。付款人在接到通知日的次日起3日内（遇法定休假日顺延）未通知银行付款的，视同付款人承诺付款，银行将于付款人接到通知日的次日起第4日（遇法定休假日顺延）上午开始营业时，将票款划给持票人。付款人提前收到由其承兑的商业汇票，应通知银行于汇票到期日付款。银行在办理划款时，付款人存款账户不足支付的，银行应填制付款人未付票款通知书，连同商业承兑汇票邮寄持票人开户银行转交持票人。

银行承兑汇票是指由在承兑银行开立存款账户的存款人（这里也是出票人）签发，由承兑银行承兑的票据。企业申请使用银行承兑汇票时，应向其承兑银行按票面金额的万分之五交纳手续费。银行承兑汇票的出票人应于汇票到期前将票款足额交存其开户银行，承兑银行应在汇票到期日或到期日后的见票当日支付票款。银行承兑汇票的出票人于汇票到期前未能足额交存票款时，承兑银行除凭票向持票人无条件付款外，对出票人尚未支付的汇票金额按照每天万分之五计收利息。

商业汇票的收款人、付款人或承兑申请人一般指供货和购货单位。在商业承兑汇票中，汇票上的当事人是：①出票人是交易中的收款人，即卖方，或者交易中的付款人，即买方。②承兑人，出票人如是卖方，承兑人为买方，出票人如是买方，本人为承兑人。③付款人，是买方的开户银行。④受款人，是交易中的收款人，即卖方。在银行承兑汇票中，汇票上的当事人是：①出票人是承兑申请人。②付款人和承兑人是承兑行，即承兑申请人的开户银行。③受款人是与出票人签订购销合同的收款人，即卖方。根据有关规定，商业汇票的付款期限，最长不得超过6个月；商业汇票的提示付款期限，自汇票到期日起 10 日。

（3）按照票据是否带有追索权分类，商业汇票分为带追索权的商业汇票和不带追索权的商业汇票两种。

追索权是指持票人在票据到期未获付款或期前未获承兑或有其他法定原因，并在实施行使或保全票据上权利的行为后，可以向其前手请求偿还票据金额、利息及其他法定款项的一种票据权利。追索权是在票据权利人的付款请求权得不到满足之后，法律赋予持票人对票据债务人进行追偿的权利。它是用来弥补付款请求权对保护持票人票据权利的实现所带来的局限的一种制度。因此，追索权与付款请求权在权利行使对象上有一定的区别：后者的行使对象是票据上的付款人；前者的行使对象可以是票据上的主债务人，但主要还是票据上的次债务人，如票据上的出票人、背书人、保证人等。在我国，商业票据可背书转让，持票人可以对背书人、出票人以及票据的其他债务人行使追索权。

一般来说，负债的不确定性称为或有负债。因此，转让应收款项而产生的被追索的不确定性也属于一种或有负债，但并不是所有应收款项的转让都会产生或有负债。在我国的会计实务中，仅就应收票据贴现而言，银行承兑汇票的贴现不会使企业被追索，企业也就不会因汇票贴现而发生或有负债；商业承兑汇票的贴现会使企业被追索，企业也就会因汇票贴现而发生或有负债。

第二节　应收票据的处理

为了反映和监督应收票据取得、票款收回等经济业务，企业应当设置“应收票据”科目，借方登记取得的应收票据的面值，贷方登记到期收回票款或到期前向银行贴现的应收票据的票面余额，期末余额在借方，反映企业持有的商业汇票的票面金额。

本科目可按照开出、承兑商业汇票的单位进行明细核算，并设置“应收票据备查簿”，逐笔登记商业汇票的种类、号数和出票日。票面金额、交易合同号和付款人、承兑人、背书人的姓名或单位名称、到期日、背书转让日、贴现日、贴现率和贴现净额以及收款日和收回金额、退票情况等资料。商业汇票到期结清票款或退票后，在备查簿中应予注销。

一、取得应收票据和收回到期票款的会计核算

根据应收票据取得的原因不同，其会计处理也是有所区别的。因债务人抵偿前欠货款而取得的应收票据，借记“应收票据”科目，贷记“应收账款”科目；因企业销售商品、提供劳务等而收到开出、承兑的商业汇票，按商业汇票的票面金额，借记“应收票据”科目，按确认的营业收入，贷记“主营业务收入”等科目。涉及增值税销项税额的，还应进行相应的处理。

商业汇票到期收回款项时，应按实际收到的金额，借记“银行存款”科目，贷记“应收票据”科目。

【例 9－1】 甲公司 2×20 年 3 月 1 向乙公司销售一批产品，货款为 1 500 000 元，尚未收到，已办妥托收手续，适用的增值税税率为 13%。则甲公司编制如下会计分录：

借：应收账款　　1 695 000

　　贷：主营业务收入　　1 500 000

　　　　应交税费——应交增值税（销项税额）　　195 000

3 月 15 日，甲公司收到乙公司寄来的一张 3 个月期的银行承兑汇票，面值为 1 695 000 元，抵付产品货款。甲公司应编制如下会计分录：

借：应收票据　　1 695 000

　　贷：应收账款　　1 695 000

在本例中，乙公司用银行承兑汇票抵偿前欠的货款 1 695 000 元，应借记“应收票据”科目，贷记“应收账款”科目。

6 月 15 日，甲公司上述应收票据到期，收回票面金额 1 695 0 000 元存入银行。甲公司应编制如下会计分录：

借：银行存款　　1 695 000

　　贷：应收票据　　1 695 000

【例9-2】 三木制造公司2×20年5月1日向A公司销售了一批原材料，货款金额（如无特殊说明，本书中的货款金额均不包含增值税额）为100 000元，适用的增值税税率为13%。当前货物已经发出，A公司送来一张期限为3个月的商业承兑汇票，面值为113 000元，抵付产品货款。则三木制造公司应进行如下的会计处理：

借：应收票据　　113 000

　　贷：主营业务收入　　100 000

　　　　应交税费——应交增值税（销项税额）　　13 000

二、转让应收票据的核算

在会计实务中，企业可以将自己持有的商业汇票背书转让。背书是指在票据背面或者粘单上记载有关事项并签章的票据行为。背书转让的，背书人应当承担票据责任。企业将持有的商业汇票背书转让以取得所需物资时，按应计入取得物资成本的金额，借记“材料采购”或“原材料”“库存商品”等科目，按专用发票上注明的可抵扣的增值税额，借记“应交税费——应交增值税（进项税额）”科目，按商业汇票的票面金额，贷记“应收票据”科目，如有差额，借记或贷记“银行存款”等科目。

【例9-3】 承【例9-1】，假定甲公司于4月15日将上述应收票据背书转让，以取得生产经营所需的A种材料，该材料价款为1 500 000元，适用的增值税税率为13%。甲公司应编制如下会计分录：

借：原材料　　1 500 000

　　应交税费——应交增值税（进项税额）　　195 000

　　贷：应收票据　　1 695 000

对于票据贴现，企业通常应按实际收到的金额，借记“银行存款”科目，按贴现息部分，借记“财务费用”科目，按应收票据的票面价值，贷记“应收票据”科目。

【例9-4】 三木制造公司于2×20年5月10日购买了一批生产用物资，由于资金短缺，将5月1日收到的一张期限为3个月，面额为113 000元的商业汇票背书转让，购入的物资货款金额为100 000元，适用增值税税率为13%。应作如下会计处理：

借：原材料	100 000	
应交税费——应交增值税（进项税额）	13 000	
贷：应收票据		113 000

三、应收票据贴现的会计核算

票据贴现是指企业以未到期票据向银行融通资金，银行按票据的应收金额扣除一定期间的利息后的余额付给企业的融资行为。在我国，商业汇票的持票人向银行办理贴现必须具备下列条件，即在银行开立存款账户的企业法人以及其他组织；与出票人或者直接前手之间具有真实的商品交易关系；提供与其前手之间的增值税发票和商品发运单据复印件。

1. 应收票据贴现额的计算

贴现息＝票据到期值×贴现率×贴现期

贴现额＝票据到期值－贴现息

公式中，贴现利率由银行统一制定。贴现期按银行规定计算，通常是指从贴现日至票据到期日前1日的时期。

票据有带息与不带息之分，其到期值的计算及账务处理也有所不同。不带息票据到期值即票据面值，而带息票据到期值等于票据面值与票据利息之和，其中票据到期利息应按下列公式计算：

票据到期利息＝应收票据面值×票面利率×时间

以上公式中，票面利率有年、月、日利率之分。如需换算成月利率或日利率，每月统一按30天计算，全年按360天计算。三者之间的关系是：

月利率＝年利率÷12

日利率＝月利率÷30或年利率÷360

时间是指从票据生效之日起到票据到期之日止的时间间隔。通常有两种表示方法：

第一种以月表示，即按月计息。计算时一律以次月对日为1个月（如从3月15日至4月15日）；月末签发的票据，不论月份大小，以到期月份的月末为到期日（如1月31日签发票据，期限为一个月的票据于2月28日或29日到期，期限为两个月的票据于3月31日到期）。计算利息的利率应该换算成月利率。

2. 应收票据贴现的账务处理

企业持未到期的商业汇票向银行贴现，符合金融工具确认和计量准则有关金融资产终止确认条件的，应按实际收到的金额（减去贴现息后的净额），借记“银行存款”等科目，按贴现息部分，借记“财务费用”等科目，按商业汇票的票面金额，贷记“应收票据”科目或“短期借款”科目。不符合金融工具确认和计量准则有关金融资产终止确认条件的，不应结转应收票据，应按实际收到的金额（减去贴现息后的净额），借记“银行存款”等科目，按贴现息部分，借记“财务费用”等科目，按其差额，贷记“短期借款”等科目。

【例9-5】 2×18年9月20日，三木制造公司持所收取的出票日期为7月22日、期限为6个月、面值为110 000元的不带息商业承兑汇票一张到银行贴现，假设银行同意对该票据进行贴现，银行年贴现率为12%。请对以上的经济业务编制会计分录。

（1）该应收票据到期日为2×19年1月22日，其贴现日是2×18年9月20日至2×19年1月22日，其贴现天数为124天。

贴现天数 = 11 + 31 + 30 + 31 + 22 − 1 = 124（天）

贴现息 = 110 000 × 12% × 124 ÷ 360 = 4 546.67（元）

贴现净额 = 110 000 − 4 546.67 = 105 453.33（元）

有关会计分录如下：

借：银行存款	105 453.33	
财务费用	4 546.67	
贷：应收票据		110 000.00

（2）如果贴现的商业汇票到期后，承兑人的银行账户不足支付，银行即将已贴现的票据退回申请贴现的企业，同时从贴现企业的账户中将票据款划回，贴现企业应做如下的账务处理：

借：应收账款　　110 000
　　贷：银行存款　　110 000

（3）如果申请贴现企业的银行存款账户余额不足，银行将应收的款项作为申请贴现企业的逾期贷款处理，贴现企业做如下的账务处理：

借：应收账款　　110 000
　　贷：短期借款　　110 000

3. 将持有的商业汇票背书转让以取得所需物资，按应计入取得物资成本的金额，借记"材料采购"或"原材料""库存商品"等科目，按商业汇票的票面金额，贷记"应收票据"科目，如有差额，借记或贷记"银行存款"等科目，涉及增值税进项税额的，还应按进项税额，借记"应交税费——应交增值税（进项税额）"等科目。

4. 收回到期应收票据的会计核算

商业汇票到期之后，应及时要求对方付款，应按实际收到的金额，借记"银行存款"科目，按商业汇票的票面金额，贷记"应收票据"科目。

【例9-6】 2×20年4月1日，三木制造公司持有的一张期限为3个月，票面金额为113 000元的商业汇票已到期，该公司将上述应收票据收回的票面金额113 000元存入银行。三木制造公司应进行如下的会计处理：

借：银行存款　　113 000
　　贷：应收票据　　113 000

【例9-7】 甲公司2×20年1月份销售A商品给乙企业，货已发出，甲公司开具的增值税专用发票上注明的商品价款为100 000元，增值税销项税额为13 000元。当日收到乙企业签发的不带息商业承兑汇票一张，该票据的期限为3个月。A商品销售符合会计准则规定的收入确认条件。

甲公司的相关账务处理如下：

（1）A商品销售实现时：

借：应收票据——乙企业　　113 000

贷：主营业务收入——A 商品 100 000

应交税费——应交增值税（销项税额） 13 000

（2）3 个月后，应收票据到期，甲公司收回款项 113 000 元，存入银行：

借：银行存款 113 000

贷：应收票据——乙企业 113 000

（3）如果甲公司在该票据到期前向银行贴现，且银行拥有追索权，则甲公司应按票据面值确认短期借款，按实际收到的金额（减去贴现息后的净额）与票据面值之间的差额确认为财务费用。假定甲公司该票据贴现获得现金净额 111 870 元，则相关账务处理如下：

借：银行存款 111 870

财务费用——票据贴现 1 130

贷：短期借款——××银行 113 000

需要注意的是，企业应当设置“应收票据备查簿”，逐笔登记商业汇票的种类、号数和出票日、票面金额、交易合同号和付款人、承兑人、背书人的姓名或单位名称、到期日、背书转让日、贴现日、贴现率和贴现净额以及收款日和收回金额、退票情况等资料。商业汇票到期结清票款或退票后，在备查簿中应予注销。

第十章　应付票据

一、应付票据的概念

应付票据是指企业为购买材料、商品和接受劳务供应等而开出、承兑的商业汇票，包括商业承兑汇票和银行承兑汇票。

“应付票据”科目总括的反映和监督企业应付票据的发生、偿付等情况。该科目的贷方登记已承兑的商业汇票的面额，借方登记已到期付款的商业汇票的面额、转作应付账款或作借款处理的商业汇票的面额。

本项目应根据“应付票据”科目的期末余额填列。

二、应付票据的账务处理

商业汇票按照是否带息，分为带息票据和不带息票据。不带息票据，其面值就是企业到期时应支付的金额。带息票据的票面金额仅表示本金，票据到期时除按面值支付外，还应另行支付利息。

企业应通过“应付票据”科目，核算应付票据的发生、偿付等情况。该科目贷方登记开出、承兑汇票的面值及带息票据的预提利息，借方登记支付票据的金额，余额在贷方，表示企业尚未到期的商业汇票的票面金额和应计未付的利息。

（一）不带息应付票据的账务处理

1. 发生应付票据

通常而言，商业汇票的付款期限不超过6个月，因此在会计上应作为流动负债管理和核算。同时，由于应付票据的偿付时间较短，在会计实务中，一般均按照开出、承兑的应付票据的面值入账。

企业因购买材料、商品和接受劳务供应等而开出、承兑的商业汇票，应当按其票面金额作为应付票据的入账金额，借记“材料采购”“原材料”“库存商品”“应付账款”“应交税费——应交增值税（进项税额）”等科目，贷记“应付票据”科目。

企业支付的银行承兑汇票手续费应当计入当期财务费用，借记“财务费用”科目，贷记“银行存款”科目。

【例10－1】 甲企业为增值税一般纳税人。该企业于2×20年2月6日，开出并承兑一张面值为56 500元、期限5个月的不带息商业承兑汇票，用以采购一批材料，材料已收到，按计划成本核算。增值税专用发票上注明的材料价款为50 000元，增值税税额为6 500元。该企业的有关会计分录如下：

借：材料采购　　50 000

　　应交税费——应交增值税（进项税额）　　6 500

　　贷：应付票据　　56 500

【例10－2】 承【例10－1】，假设上例中的商业汇票为银行承兑汇票，甲企业已交纳承兑手续费29.25元。该企业的有关会计分录如下：

借：财务费用　　29.25

　　贷：银行存款　　29.25

2. 偿还应付票据

应付票据到期支付票款时，应按账面余额予以结转，借记“应付票据”科目，贷记“银行存款”科目。

偿付应付账款、应付票据等商业应付款属于经营活动，不属于筹资活动。

【例10-3】 承【例10-1】，2×20年7月6日，甲企业于2月6日开出的商业汇票到期。甲企业通知其开户银行以银行存款支付票款。该企业的有关会计分录如下：

借：应付票据 56 500

贷：银行存款 56 500

3. 转销应付票据

应付商业承兑汇票到期，如企业无力支付票款，应将应付票据按账面余额转作应付账款，借记“应付票据”科目，贷记“应付账款”科目。应付银行承兑汇票到期，如企业无力支付票款，则银行先代为付款，企业将不足部分转为短期借款，借记“应付票据”科目，贷记“短期借款”科目；在归还银行短期借款时，借记“短期借款”科目，贷记“银行存款”科目。

【例10-4】 承【例10-1】，假设上述商业汇票为银行承兑汇票，该汇票到期时甲企业无力支付票款。该企业的有关会计分录如下：

借：应付票据 56 500

贷：短期借款 56 500

（二）带息应付票据的账务处理

与不带息应付票据的会计处理的不同之处是，企业开出、承兑的带息票据，应于期末计算应付利息，计入当期财务费用，借记“财务费用”科目，贷记“应付票据”科目。汇票到期付款时，借记“应付票据”科目，贷记“银行存款”科目；如为带息票据，则应借记“应付票据”“财务费用”等科目，贷记“银行存款”科目。

【例10-5】 2×20年3月1日，乙企业开出带息商业汇票一张，面值320 000元，用于抵付其前欠H公司的货款。该票据票面利率为6%，期限为3个月。该企业的有关会计分录如下：

借：应付账款——H公司 320 000

贷：应付票据 320 000

【例10-6】 承【例10-5】，3月31日，乙企业计算开出的带息应付票据应计利息。该企业的有关会计分录如下：

借：财务费用　　1 600

　　贷：应付票据　　1 600

3月份应计提的应付票据利息 = 320 000 × 6% ÷ 12 = 1 600（元）

乙企业4月末和5月末的会计处理同上。

【例10-7】 承【例10-5】，6月1日，乙企业开出的带息商业汇票到期，企业以银行存款全额支付到期票款和3个月的票据利息。该企业的有关会计分录如下：

借：应付票据　　324 800

　　贷：银行存款　　324 800

该商业汇票到期应偿还的金额 = 本金 + 利息

= 320 000 + 320 000 × 6% ÷ 12 × 3 = 324 800（元）

【例10-8】 承【例10-5】，6月1日，带息商业汇票到期，乙企业无力支付票款，应将应付票据的账面余额转入"应付账款"科目。该企业的有关会计分录如下：

借：应付票据　　324 800

　　贷：应付账款　　324 800

为了加强对应付票据的管理，企业应当设置"应付票据备查簿"，详细登记每一应付票据的种类、号数、签发日期、到期日、票面金额、票面利率、合同交易号、收款人姓名或单位名称，以及付款日期和金额等资料。应付票据到期结清时，应当在备查簿内逐笔注销。

【例10-9】 三木制造公司出具一张期限为90天、票面金额为33 900元的不带息商业承兑汇票，向某供应单位购进原材料一批，其增值税发票上记载的货款金额为30 000元，增值税额为3 900元。请对以上的业务编制会计分录。

（1）购进原材料时：

借：原材料 30 000

应交税费——应交增值税（进项税额） 3 900

贷：应付票据 33 900

（2）票据到期，接到银行支付汇票款项的通知时：

借：应付票据 33 900

贷：银行存款 33 900

第十一章　债务重组

往来款项中的各个会计科目在前十章中已经详细介绍，现在我们将往来款项中的各个会计科目综合起来考虑，将往来款项运用在债务重组这样一种会计活动中来分析。

本章导读

债务重组，是指在债务人发生财务困难的情况下，债权人按照其与债务人达成的协议或者法院的裁定作出让步的事项。在本章中，我们重点学习以下的内容：

1. 什么是债务重组，主要包括哪些形式？
2. 以资产清偿债务的债务重组模式下，如何进行会计核算？
3. 以债务转为资本的债务重组模式下，如何进行会计核算？
4. 以修改其他债务条件进行债务重组的模式下，如何进行会计核算？
5. 以组合方式进行债务重组模式下，如何进行会计核算？

第一节　债务重组方式

一、债务重组的概念

债务重组的概念如图 11－1 所示。

债务重组，是指在债务人发生财务困难的情况下，债权人按照其与债务人达成的协议或者法院的裁定作出让步的事项。债务重组的定义表明不论何种债务重组形式，只要修改了原定债务偿还条件的，即债务重组时确定的债务偿还条件不同于原协议的，均作为债务重组

债务人发生财务困难，是指因债务人出现资金周转困难、经营陷入困境或者其他方面的原因，导致其无法或者没有能力按原定条件偿还债务

债权人作出让步，是指债权人同意发生财务困难的债务人现在或者将来以低于重组债务账面价值的金额或者价值偿还债务。“债权人作出让步”的情形主要包括：债权人减免债务人部分债务本金或者利息、降低债务人应付债务的利率等

图 11－1　债务重组的概念

二、债务重组的几种方式

债务重组的方式如表 11－1 所示。

表 11－1　债务重组的方式

债务重组方式	具体解释
以资产清偿债务	是指债务人转让其资产给债权人以清偿债务的债务重组方式。 债务人通常用于偿债的资产主要有：现金、债券投资、股权投资、存货、固定资产、无形资产等。 这里所指的现金，包括库存现金、银行存款和其他货币资金。 在债务重组的情况下，以现金清偿债务，是指以低于债务的账面价值的现金清偿债务。如果以等量的现金偿还所欠债务，则不属于本章所指的债务重组

续上表

债务重组方式	具体解释
将债务转为资本	是指债务人将债务转为资本，同时债权人将债权转为股权的债务重组方式。但债务人根据转换协议，将应付可转换公司债券转为资本的，属于正常情况下的债务转资本，不作为债务重组处理。 以债务转为资本用于清偿债务，对于股份制企业在法律上有一定的限制。例如，按照我国《公司法》规定，公司发行新股必须具备一定的条件，只有在满足《公司法》规定的条件后才能发行新股。企业应在满足国家规定条件的情况下，才能采用将债务转为资本的方式进行债务重组
修改其他债务条件	是指修改不包括上述第一、第二种情形在内的债务条件进行债务重组的方式，如减少债务本金、降低利率、免去应付未付的利息、延长偿还期限等
以上三种方式的组合	是指采用以上三种方式共同清偿债务的债务重组形式。例如，以转让资产清偿某项债务的一部分，另一部分债务通过修改其他债务条件进行债务重组

第二节　以资产清偿债务的会计处理

一、以现金清偿债务

以现金清偿债务中债务人的会计处理如图 11－2 所示。

以现金清偿债务中债权人的会计处理如图 11－3 所示。

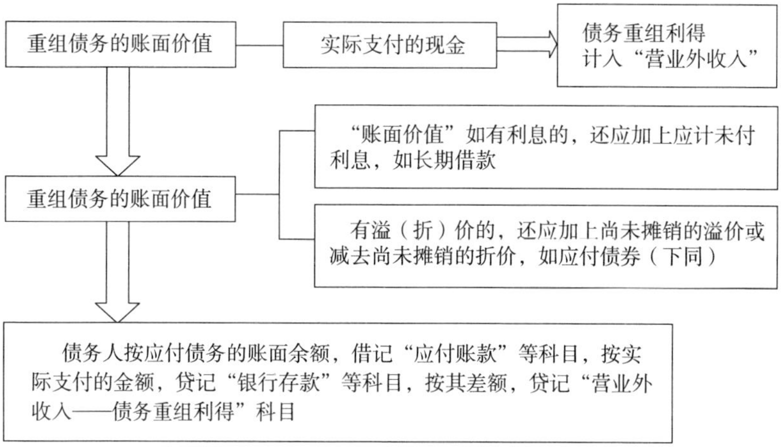

图 11－2　以现金清偿债务中债务人的会计处理

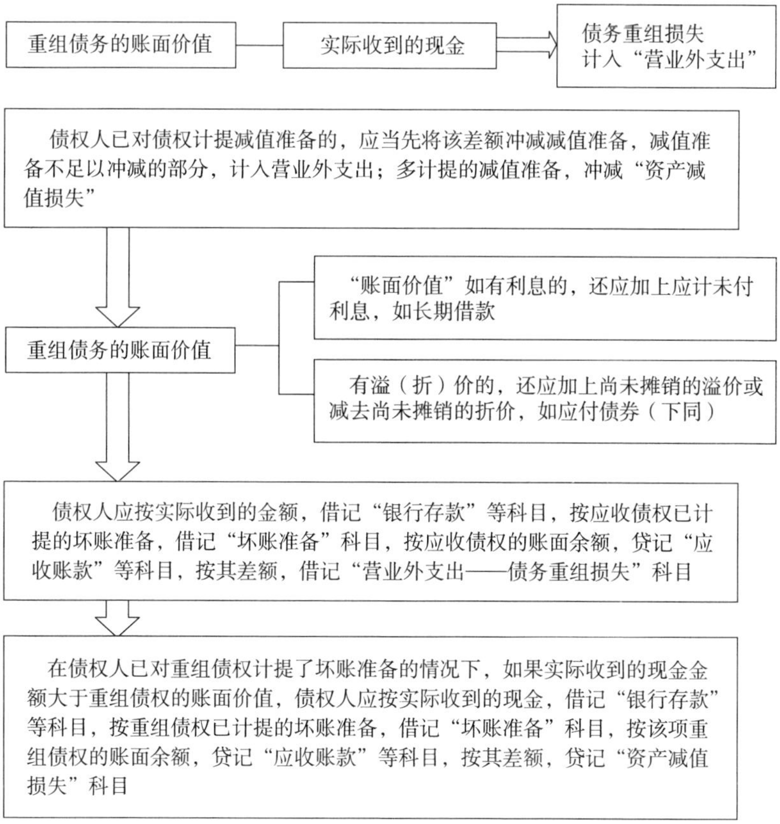

图 11－3　以现金清偿债务中债权人的会计处理

【例11－1】 美源企业于2×20年1月20日销售一批材料给乙企业，不含税价格为200 000元，增值税率为13%，按合同规定，乙企业应于2×20年4月1日前偿付货款。由于乙企业发生财务困难，无法按合同规定的期限偿还债务，经双方协商于7月1日进行债务重组。债务重组协议规定，美源企业同意减免乙企业30 000元债务，余额用现金立即偿清。美源企业已于7月10日收到乙企业通过转账偿还的剩余款项。美源企业已为该项应收债权计提了20 000元的坏账准备。

（1）乙企业的账务处理：

第一，计算债务重组利得

应付账款账面余额	226 000
减：支付的现金	196 000
债务重组利得	30 000

第二，会计分录

借：应付账款	226 000	
贷：库存现金		196 000
营业外收入——债务重组利得		30 000

（2）美源企业的账务处理：

第一，计算债务重组损失

应收账款账面余额	226 000
减：收到的现金	196 000
差额	30 000
减：已计提坏账准备	20 000
债务重组损失	10 000

第二，会计分录

借：库存现金	196 000	
营业外支出——债务重组损失	10 000	
坏账准备	20 000	
贷：应收账款		226 000

二、以非现金资产清偿债务

以非现金资产清偿债务的账务处理方式如表 11－2 所示。

表 11－2　以非现金资产清偿债务的账务处理

项目	具体解释
以非现金资产清偿债务的核算原则	以非现金资产清偿债务的，债务人应将重组债务的账面价值与转让的非现金资产公允价值之间的差额，确认为债务重组利得计入营业外收入
1. 以库存材料、商品产品抵偿债务	债务人以库存材料、商品产品抵偿债务，应视同销售进行核算。 企业可将该项业务分为两部分：一是将库存材料、商品产品出售给债权人，取得货款。出售库存材料、商品产品业务与企业正常的销售业务处理相同，其发生的损益计入当期损益；二是以取得的货币清偿债务。但在这项业务中并没有实际的货币流入与流出
2. 以固定资产抵偿债务	债务人以固定资产抵偿债务，应将固定资产的公允价值与该项固定资产账面价值和清理费用的差额作为转让固定资产的损益处理。将固定资产的公允价值与重组债务的账面价值的差额，作为债务重组利得。债权人收到的固定资产按公允价值计量
3. 以股票、债券等金融资产抵偿债务	债务人以股票、债券等金融资产抵偿债务，应按相关金融资产的公允价值与其账面价值的差额，作为转让金融资产的利得或损失处理；相关金融资产的公允价值与重组债务的账面价值的差额，作为债务重组利得。债权人收到的相关金融资产按公允价值计量

【例 11－2】 美源公司欠乙公司购货款 350 000 元。由于美源公司财务发生困难，短期内不能支付已于 2×20 年 5 月 1 日到期的货款。2×20 年 7 月 10 日，经双方协商，乙公司同意美源公司以其生产的产品偿还债务。该产品的公允价值为 200 000 元，实际成本为 120 000 元。美源公司为增值税一般纳税人，适用的增值税税率为 13%。乙公司于 2×20 年 8

月10日收到美源公司抵债的产品，并作为产成品入库；乙公司对该项应收账款计提了50 000元的坏账准备。

（1）美源公司的账务处理：

第一，计算债务重组利得

应付账款的账面余额		350 000
减：所转让产品的公允价值		200 000
增值税销项税额	（200 000×13%）	26 000
债务重组利得		124 000

第二，会计分录

借：应付账款　　350 000

　　贷：主营业务收入　　200 000

　　　　应交税费——应交增值税（销项税额）　　26 000

　　　　营业外收入——债务重组利得　　124 000

借：主营业务成本　　120 000

　　贷：库存商品　　120 000

在本例中，销售产品取得的利润体现在主营业务利润中，债务重组利得作为营业外收入处理。如果债务人以库存材料清偿债务，则视同销售取得的收入作其他业务收入，发出材料的成本作其他业务支出处理。

（2）乙公司的账务处理：

第一，计算债务重组损失

应收账款的账面余额	350 000
减：受让资产的公允价值	226 000
差额	124 000
减：已计提坏账准备	50 000
债务重组损失	74 000

第二，会计分录

借：库存商品　　200 000

　　应交税费——应交增值税（进项税额）　　26 000

　　坏账准备　　50 000

　　营业外支出——债务重组损失　　74 000

　　贷：应收账款　　350 000

【例11-3】 美源公司于2×20年1月1日销售给乙公司一批材料，价值400 000元（包括应收取的增值税税额），按购销合同约定，乙公司应于2×20年10月31日前支付货款。2×20年1月31日乙公司尚未支付货款。由于乙公司发生财务困难，已知期内不能支付货款。2×20年2月3日，经过协商，美源公司同意乙公司以一台公允价值为360 000元（假设企业转让该项设备不需要交纳增值税）的设备偿还债务。美源公司对该项应收账款提取坏账准备20 000元。设备已于2×19年3月10日运到美源公司。假定不考虑与该项债务重组相关的税费。

(1) 乙公司的账务处理：

第一，计算固定资产清理损益

固定资产公允价值	360 000
减：固定资产净值	300 000
处理固定资产净收益	60 000

第二，计算债务重组利得

应付账款的账面余额	400 000
减：固定资产公允价值	360 000
债务重组利得	40 000

第三，会计分录

首先，将固定资产净值转入固定资产清理：

借：固定资产清理	300 000	
累计折旧	50 000	
贷：固定资产		350 000

其次，结转债务重组利得：

借：应付账款	400 000	
贷：固定资产清理		360 000
营业外收入——债务重组利得		40 000

最后，结转转让固定资产的利得：

借：固定资产清理	60 000	
贷：营业外收入——处置固定资产利得		60 000

(2) 美源公司的账务处理:

第一，计算债务重组损失

应收账款账面余额	400 000
减：受让资产的公允价值	360 000
差额	40 000
减：坏账准备	20 000
债务重组损失	20 000

第二，会计分录

借：固定资产	360 000	
坏账准备	20 000	
营业外支出——债务重组损失	20 000	
贷：应收账款		400 000

【例 11－4】 美源公司于 2×18 年 7 月 1 日销售给乙公司一批产品，价值 450 000 元（包括应收取的增值税税额），乙公司于当日开出 6 个月承兑的商业汇票。乙公司于 2×18 年 12 月 31 日尚未支付货款。由于乙公司发生财务困难，短期内不能支付货款。经与美源公司协商，美源公司同意乙公司以其所拥有并作为以公允价值计量且其变动计入当期损益的乐天公司股票抵偿债务。该股票的账面价值 400 000 元（为取得时的成本），公允价值 380 000 元，乙公司将该股票作为可供出售的金融资产。假定美源公司为该项应收账款提取了坏账准备 40 000 元。用于抵债的股票已于 2×19 年 1 月 22 日办理了相关转让手续；美源公司将取得的乐天公司股票作为以公允价值计量且其变动计入当期损益的金融资产。美源公司已将该项应收票据转入应收账款；乙公司已将应付票据转入应付账款。

(1) 乙公司的账务处理:

第一，计算债务重组利得

应付账款的账面余额	450 000
减：股票的公允价值	380 000
债务重组利得	70 000

第二，计算转让股票收益	
股票的公允价值	380 000
减：股票的账面价值	400 000
转让股票损益	−20 000

第三，会计分录

借：应付账款	450 000	
投资收益	20 000	
贷：交易性金融资产		400 000
营业外收入——债务重组利得		70 000

（2）美源公司的账务处理：

第一，计算债务重组损失	
应收账款账面余额	450 000
减：受让资产的公允价值	380 000
差额	70 000
减：坏账准备	40 000
债务重组损失	30 000

第二，会计分录

借：交易性金融资产	380 000	
营业外支出——债务重组损失	30 000	
坏账准备	40 000	
贷：应收账款		450 000

第三节　将债务转为资本

以债务转为资本清偿债务中债务人的会计处理如图 11－4 所示。

以债务转为资本清偿债务中债权人的会计处理如图 11－5 所示。

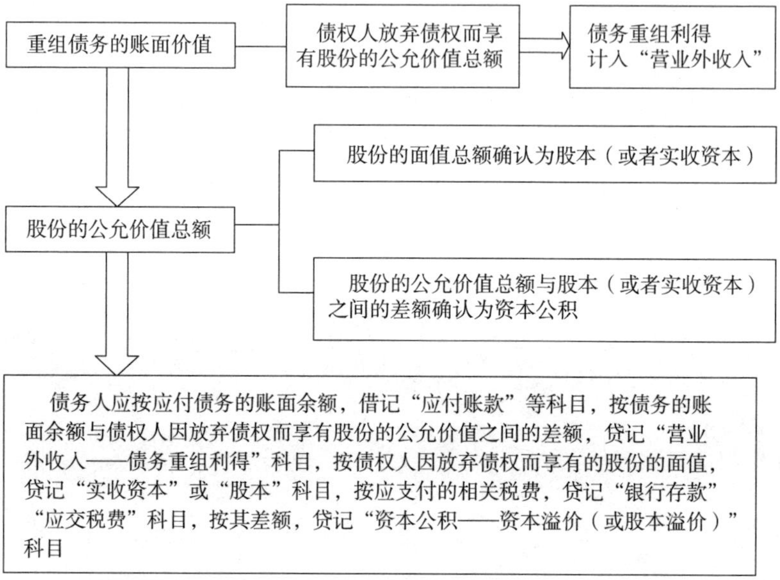

图 11－4　以债务转为资本清偿债务中债务人的会计处理

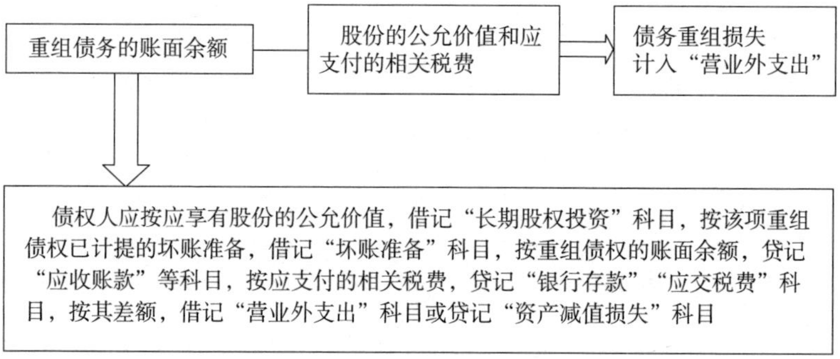

图 11－5　以债务转为资本清偿债务中债权人的会计处理

【例 11－5】 2×19 年 7 月 1 日，美源公司应收乙公司账款的账面余额为 60 000 元，由于乙公司发生财务困难，无法偿付该应付账款。经双方协商同意，乙公司以其普通股偿还债务。假定普通股的面值为 1 元，乙公司以 20 000 股抵偿该项债务，股票每股市价为 2.5 元。美源公司对该项应收账款计提了坏账准备 2 000 元。股票登记手续已于 2×19 年 8 月 9 日办理完毕，美源公司将其作为长期股权投资核算。

（1）乙公司的账务处理：

第一，计算应计入资本公积的金额

股票的公允价值	50 000
减：股票的面值总额	20 000
应计入资本公积	30 000

第二，计算债务重组利得

债务账面价值	60 000
股票的公允价值	50 000
债务重组利得	10 000

第三，会计分录

借：应付账款	60 000	
贷：股本		20 000
资本公积——股本溢价		30 000
营业外收入——债务重组利得		10 000

（2）美源公司的账务处理：

第一，计算债务重组损失

应收账款账面余额	60 000
减：所转股权的公允价值	50 000
差额	10 000
减：已计提坏账准备	2 000
债务重组损失	8 000

第二，会计分录

借：长期股权投资	50 000	
营业外支出——债务重组损失	8 000	
坏账准备	2 000	
贷：应收账款		60 000

第四节　以修改其他债务条件进行债务重组的会计处理

以修改其他债务条件进行债务重组的会计处理如表 11－3 所示。

表 11－3　以修改其他债务条件进行债务重组的会计处理

项目	具体解释
以修改其他债务条件进行债务重组的定义	“修改其他债务条件”，通常指延长债务偿还期限、延长债务偿还期限并减少债务本金或债务利息等。 其中，延长债务偿还期限并减少债务本金或债务利息，既包括在重组日债权人豁免债务人的债务本金或债务利息，也包括重组日之后债权人豁免债务人的债务本金或债务利息
以修改其他债务条件进行债务重组的具体会计核算	1. 以修改其他债务条件进行债务重组的，债务人应当将修改其他债务条件后债务的公允价值作为重组后债务的入账价值。重组债务的账面价值与重组后债务的入账价值之间的差额，确认为债务重组利得计入营业外收入。 修改后的债务条款如涉及或有应付金额，且该或有应付金额符合《企业会计准则——或有事项》中有关预计负债确认条件的，债务人应将该或有应付金额确认为“预计负债”。重组债务的账面价值与重组后债务的入账价值和预计负债金额之和的差额，确认为债务重组利得或损失，计入营业外收入或支出。 或有应付金额，是指需要根据未来某种事项出现而发生的应付金额，而且该未来事项的出现具有不确定性。比如，债务重组协议规定，债务人在债务重组后一定期间内，其业绩改善到一定程度或者符合一定要求（如扭亏为盈、摆脱财务困境等），则应向债权人额外支付一定金额。当债务人承担的或有应付金额符合预计负债确认条件时，应当将该或有应付金额确认为预计负债。或有应付金额在后期没有发生的，企业应当冲销前期已确认的预计负债，同时确认营业外收入（债务重组利得）。 债务人应按应付债务的账面余额，借记“应付账款”等科目，按修改其他债务条件后债务的公允价值，贷记“应付账款”等科目，按确认的或有应付金额，贷记“预计负债”科目，按其差额，贷记“营业外收入——债务重组利得”科目或借记“营业外支出——债务重组损失”科目
	2. 以修改其他债务条件进行债务重组的，债权人应当将修改其他债务条件后的债权的公允价值作为重组后债权的账面价值，重组债权的账面余额与重组后债权的账面价值之间的差额，比照上述第（一）种重组方式处理。 修改后的债务条款中涉及或有应收金额的，债权人不应当确认或有应收金额，不得将其计入重组后债权的账面价值。 或有应收金额，是指需要根据未来某种事项出现而发生的应收金额，而且该未来事项的出现具有不确定性。 债权从应按修改其他债务条件后的债权的公允价值，借记“应收账款”等科目，按重组债权已计提的坏账准备，借记“坏账准备”科目，按重组债权的账面余额，贷记“应收账款”等科目，按其差额，借记“营业外支出”科目或贷记“资产减值损失”科目

【例11－6】 美源公司2×18年12月31日应收乙公司票据的账面余额为65 400元，其中，5400元为累计应收的利息，票面年利率4%。由于乙公司连年亏损，资金周转困难，不能偿付应于2×18年12月31日前支付的应付票据。经双方协商，于2×19年1月5日进行债务重组。美源公司同意将债务本金减至50 000元；免去债务人所欠的全部利息；将利率从4%降低到2%（等于实际利率），并将债务到期日延至2×20年12月31日，利息按年支付。该项债务重组协议从协议签订日起开始实施。甲、乙公司已将应收、应付票据转入应收、应付账款。美源公司已为该项应收款项计提了5 000元坏账准备。

(1) 乙公司的账务处理：

第一，计算债务重组利得

应付账款的账面余额	65 400
减：重组后债务公允价值	50 000
债务重组利得	15 400

第二，会计分录

2×19年1月5日债务重组时

借：应付账款	65 400	
贷：应付账款——债务重组		50 000
营业外收入——债务重组利得		15 400

2×19年12月31日支付利息

借：账务费用	1 000	
贷：银行存款		（50 000×2%）1 000

2×20年12月31日偿还本金得最后一年利息

借：财务费用	1 000	
应付账款——债务重组	50 000	
贷：银行存款		51 000

(2) 美源公司的账务处理：

第一，计算债务重组损失

应收账款账面余额	65 400
减：重组后债权公允价值	50 000

差额　15 400

减：已计提坏账准备　5 000

债务重组损失　10 400

第二，会计分录

2×19 年 1 月 5 日债务重组时

借：应收账款——债务重组　50 000

　　营业外支出——债务重组损失　10 400

　　坏账准备　5 000

　　贷：应收账款　65 400

2×19 年 12 月 31 日收到利息

借：银行存款　1 000

　　贷：财务费用　（50 000×2%）1 000

2×20 年 12 月 31 日收到本金和最后一年利息

借：银行存款　51 000

　　贷：财务费用　1 000

　　　　应收账款——债务重组　50 000

第五节　以组合方式进行债务重组的会计处理

债务重组以现金清偿债务、以非现金清偿债务、债务转为资本、修改其他债务条件等方式的组合进行的，债务人应当依次以支付的现金、转让的非现金资产公允价值、债权人享有股份的公允价值冲减重组债务的账面价值，再按修改其他债务条件方式的规定处理；债权人应当依次以收到的现金、接受的非现金资产公允价值、债权人享有股份的公允价值冲减重组债权的账面余额，再按修改其他债务条件方式的规定处理。

【例 11－7】 A 企业和 B 企业均为增值税一般纳税人。A 企业于 2×19年 6 月 30 日向 B 企业出售产品一批，产品销售价款 1 000 000 元，应收增值税税额 130 000 元；B 企业于同年 6 月 30 日开出期限为 6 个月、票面年利率为 4% 的商业承兑汇票，抵充购买该产品价款。在该票据到期日，B企业未按期兑付，A企业将该应收票据按其到期价值转入应收账款，不再计算利息。至2×20年12月31日，A企业对该应收账款提取的坏账准备为5 000元。B企业由于发生财务困难，短期内资金紧张，于2×20年12月31日经与A企业协商，达成债务重组协议如下：

（1）B企业以产品一批偿还部分债务。该批产品的账面价值为20 000元，公允价值为30 000元，应交增值税税额为3900元。B企业开出增值税专用发票，A企业将该产品作为商品验收入库。

（2）A企业同意减免B企业所负全部债务扣除实物抵债后剩余债务的40%，其余债务的偿还期延至2×21年12月31日。

（1）B企业的账务处理：

①计算债务重组时应付账款的账面余额＝（1 000 000＋130 000）×（1＋4%÷2）＝1 152 600（元）

②计算债务重组后债务的公允价值＝［1 152 600－30 000×（1＋13%）］×60%＝（1 152 600－33 900）×60%＝671 220（元）

③计算债务重组利得

应付账款账面余额	1 152 600
减：所转让资产的公允价值	33 900
重组后债务公允价值	671 220
债务重组利得	447 480

④会计分录

借：应付账款	1 152 600	
贷：主营业务收入		30 000
应交税费——应交增值税（销项税额）		3 900
应付账款——债务重组		671 220
营业外收入——债务重组利得		447 480
借：主营业务成本	20 000	
贷：库存商品		20 000

（2）A企业的账务处理：

①计算债务重组损失

应收账款账面余额	1 152 600

减：受让资产的公允价值[30 000×(1+13%)]	33 900
重组后债权公允价值[(1 152 600−33 900)×60%]	671 220
坏账准备	5 000
债务重组损失	442 480

②会计分录

借：库存商品　　30 000

　　应收账款——债务重组　　671 220

　　应交税费——应交增值税（进项税额）　　3 900

　　坏账准备　　5 000

　　营业外支出——债务重组损失　　442 480

　　贷：应收账款　　1 152 600

参考文献

［1］中国注册会计师协会．会计［M］．北京：中国财政经济出版社，2019.

［2］中国注册会计师协会．财务成本管理［M］．北京：中国财政经济出版社，2019.

［3］中国注册会计师协会．审计［M］．北京：中国财政经济出版社，2019.

［4］中国注册会计师协会．经济法［M］．北京：中国财政经济出版社，2019.

［5］财政部．企业会计准则［M］．北京：经济科学出版社，2019.

［6］财政部．企业会计准则：应用指南［M］．北京：中国财政经济出版社，2006.

［7］财政部会计资格评价中心．中级会计实务［M］．北京：经济科学出版社，2019.